Tony Campolo y Bart Campolo

Por qué me fui,

WITHDRAWN

por qué me quedé

HarperCollins*Español*

© 2018 por HarperCollins Español
Publicado por HarperCollins Español,
Estados Unidos de América.

Título en inglés: *Why I Left, Why I Stayed*
© 2017 por Tony Campolo y Bart Campolo
Publicado por HarperOne, un sello de HarperCollins Publishers.

Editora en Jefe: *Graciela Lelli*
Traducción: *Eugenio Orellana*
Adaptación del diseño al español: *Mauricio Díaz*

ISBN: 978-0-82976-805-3

Impreso en Estados Unidos de América
18 19 20 LSC 9 8 7 6 5 4 3 2 1

A nuestros buenos amigos y familiares en todas partes,
quienes se esfuerzan sin cesar por amarse unos a otros
a pesar de las grandes divisiones en materia de fe.
Estamos orgullosos de ser parte de ustedes.

Contenido

PREFACIO

NO SOMOS LA EXCEPCIÓN. Muchos padres cristianos están luchando tanto emocional como espiritualmente debido a que sus hijos han abandonado la fe cristiana. Para algunos, el resultado es tensión, amargura y alienación. A menudo, en el seno de tales familias, las conversaciones razonables y afectuosas son imposibles.

Nuestra familia también ha tenido estas luchas, pero no hemos dejado de hablarnos o amarnos. Nuestra esperanza es que este libro ofrezca un modelo y una forma positiva para procesar lo que ha llegado a ser una crisis común *in crescendo*, y que también sirva como un foro útil para quienes están luchando con dudas y preguntas sobre la fe cristiana. A veces, discutir estos asuntos francamente entre amigos y familiares puede ser agobiante, y sentirse como una amenaza; no obstante, nosotros creemos que un diálogo como el nuestro puede ofrecer a nuestros lectores la posibilidad de pensar y reflexionar sobre algunos de los asuntos más relevantes de la vida.

En este libro, queremos que veas cómo conversaciones acerca de diferencias desgarradoras pueden conducirse en una manera tal que pueda decirse que tanto un padre cristiano como su hijo humanista prestan atención a la súplica del apóstol Pablo a ser amables, sensibles y a estar siempre dispuestos a perdonarnos en todas las cosas.

Tony Campolo
Bryn Mawr, Pennsylvania

Bart Campolo
Los Ángeles, California

PRÓLOGO

Por Peggy Campolo

ME SIENTO HONRADA QUE mi esposo y nuestro hijo me hayan pedido contribuir a este libro, aunque creo que no habría sido necesario. La historia de cómo Bart perdió su fe y cómo este cambio afectó tanto su vida como la de su padre contiene mucho dolor y una buena porción de malentendidos. Yo he vivido en medio de ese dolor y esas incomprensiones, amando y admirando a ambos con todo mi corazón.

Nunca me imaginé que ocurriría este cambio en Bart. Cuando niño, era tan afectuoso, atento y amable que muchas veces me preguntaba si no sería que había nacido cristiano, aun cuando sabía que tal cosa no era posible. Cuando niño, nunca fue un muchachito de iglesia. Empezó a serlo en su adolescencia, cuando se integró a un grupo bastante dinámico de jóvenes de una iglesia cercana. Empezó a asistir a estudios bíblicos y a reuniones de oración varios días a la semana. Un día me preguntó si yo había notado algún cambio en su comportamiento. Como dije, Bart fue siempre un buen chico, pero cuando me hizo aquella pregunta, me di cuenta de que últimamente se había vuelto un joven superbueno; y atento, cuando yo necesitaba alguna ayuda o una palabra de aliento. Así que se lo dije. «Excelente», me respondió, «porque ahora soy cristiano y no me habría gustado si no se hubiese notado la diferencia».

A Tony no lo conocí cuando era un niño, pero cuando nos conocimos en la universidad, se notaba la diferencia. Yo estaba deslumbrada por mi esposo antes que nos casáramos. Y después de casados, lo sigo estando. Tony ha estado siempre «ardiendo por Jesús» e incluso cuando era joven se destacaba como un brillante orador que usaba su don para hablar a la gente de Jesús, en quien creía. Con el paso de los años, se hizo más importante para él la predicación y la enseñanza para hablar a los demás del reino de Dios y de cómo hemos sido llamados a unirnos a Dios en cambiar el mundo para que sea lo que él siempre quiso que fuera.

Confieso que esperaba que Tony tuviera suficiente fe para los dos, porque a menudo me asaltaba la duda de que yo fuera en realidad cristiana. Yo no sentía lo que Tony sentía y lo que muchos de nuestros amigos decían sentir, ni oía a Dios hablándome. A veces, sin embargo, la historia de la gracia de Dios me parecía maravillosa, y cuando me enamoré de Tony Campolo me dije que sin duda era una cristiana. Pero, para ser honesta, sé que literalmente deseaba algunas de esas experiencias de creyentes en mi vida porque sabía que solo una cristiana podía ser la esposa de Tony.

Después que nos casamos, Tony se enteró de mis dudas, así es que me dio algunos muy buenos consejos. Si yo vivía en la forma que creía que un cristiano debería vivir, me dijo, Dios se encontraría conmigo. Así es que traté de ser una buena esposa de pastor, preocupándome por nuestra congregación y especialmente buscando la manera de visitar a las ancianas que no podían asistir a la iglesia.

Tony tenía razón. Dios se encontró conmigo… en el cuarto de un hospital donde estaba internada Helen, una anciana a la que había llegado a querer. Helen estaba asustada porque sabía que iba a morir y yo, en mi desesperación por ayudarla, le pedí a Dios que me ayudara. El Espíritu Santo se hizo presente en aquel cuarto y me guió para que ayudara a la anciana a ser consciente de la gracia de Dios y a estar segura del cielo. Desde ese día, Cristo Jesús no ha dejado de ser real en mi vida. Lo que lamento es que ese día había llegado muy tarde para que mis hijos crecieran teniendo a una madre verdaderamente cristiana. Mi hijo tenía diecinueve años, y ya vivía en la universidad cuando Jesús llegó a ser una parte real de mi vida.

Aun en mis tiempos de incrédula, siempre me alegraba cuando Tony llevaba a Bart en sus viajes ministeriales y, como padres, estábamos felices de ver a nuestro hijo desarrollar muchos de los dones que su padre tenía cuando se paraba frente a una congregación. Bart aprendió de su padre a ayudar a que la gente aprendiera a saber quién era Jesús, y parecía como algo muy natural que empezara a asumir el mismo ministerio. Por supuesto, nuestro hijo también tenía sus propios dones.

Desde edad temprana se reveló como un gran predicador, pero también se interesaba por ayudar a quienes estaban sufriendo, e instintivamente sabía relacionarse con los pobres o los marginados de la sociedad.

Tony y yo estuvimos encantados cuando Bart se casó con una mujer maravillosa que compartía su amor y preocupación por personas que lo necesitaban. No puedo contar el número de personas vulnerables que Bart y Marty invitaron a vivir en su casa y las horas que dedicaron a este amoroso cuidado. Cambiaron las vidas de muchos, algunos de ellos eran personas que quizá yo nunca habría invitado a vivir con nosotros.

A diferencia de Tony, quien explica en este libro cómo vio el cambio en la fe de Bart, yo quedé completamente aturdida cuando nos dijo que ya no creía en Dios. Después de todo, Dios es amor y yo aún veía a mi hijo amando a la gente, tanto o mejor que nadie que yo hubiera conocido. Me entristecí profundamente cuando en una conversación me di cuenta de que en la mente de Bart Dios no tenía parte, ni en su ministerio ni en el resto de su vida.

Lo que me convenció de cuán serio era Bart sobre no creer en Dios fue que el admitirlo hizo su vida extremadamente difícil. Todos los lugares donde había trabajado, hablado y dirigido conferencias eran lugares cristianos. Ya no podría dirigir o trabajar en ninguno de ellos. Prácticamente hablando, con poco más de cincuenta años, mi hijo se vería obligado a comenzar su vida profesional de nuevo.

Por supuesto, desde que su desconversión se hizo pública, Bart fue objeto de críticas por parte de muchos cristianos, lo que me provocó mucho malestar. ¿Qué querrían estas personas que Bart hiciera? ¿Que viviera una mentira por el resto de su vida, o al menos hasta que sus padres murieran y se hubieran ido? Por supuesto, Tony y yo no queríamos eso. No habría habido manera de que compartiéramos nuestros sentimientos y nuestras profundas creencias con Bart si él no hubiese sido honesto con nosotros. Estoy orgullosa de Bart por ser un humanista secular auténtico, aun cuando fingir ser todavía cristiano hubiera sido mucho más fácil.

Si no hubiese sido por la honestidad de Bart, este libro no habría existido. Ni tampoco si Tony no hubiese querido mantener su estrecha relación con el hijo al que ama incondicionalmente. Si te estás preguntando por qué no me consumieron los temores por Bart, o por qué todavía encuentro mucho en él para celebrar, es porque creo de todo corazón que el Dios que conozco en Jesucristo sigue estando muy involucrado en su vida, así como lo estuvo en mi vida durante mucho tiempo antes de que me diera cuenta plenamente de ello. Para mí, eso es cierto incluso si para Bart no lo es.

A diferencia de mí, mi querido esposo ha vivido toda su vida con una conciencia clara de la presencia del Dios vivo. Por eso es tan difícil para Tony imaginar a su hijo viviendo sin esta presencia que es tan querida para él, y que conforma una parte tan importante de lo que él es. Yo estoy agradecida de que la conciencia de Dios en la vida de Tony le haya evitado decir cualquier palabra hiriente la noche cuando nuestro hijo nos dijo que no creía en Dios, o que respondiera con amargura cuando los «amigos» le dicen que seguramente la verdadera razón para que nuestro hijo ya no esté en los caminos de Dios es que algo debe andar mal en su propia fe y en la forma que ha vivido su vida. Obviamente, me gustaría que Bart estuviera todavía en el ministerio junto a su padre, con una fe compartida en Jesucristo. Pero esa no es la forma en que se hacen las cosas en nuestra familia, y estoy orgullosa de Tony y de Bart por haberse propuesto contar su historia con honestidad, con la esperanza de que al hacerlo, ayudarán a otros padres e hijos que se encuentran en lados opuestos de la fe. Ruego por los dos, y creo que Dios está trabajando en las vidas de ambos.

Una noche de Acción de Gracias poco usual

Por Tony Campolo

Soy un seguidor de Jesús de toda la vida, un prominente predicador y profesor emérito de sociología en una universidad cristiana. Por eso, es muy difícil, si no imposible, describir cómo me sentí la noche del Día de Acción de Gracias del año 2014 cuando, en una sala débilmente iluminada de su casa de tres pisos en un barrio peligroso de la ciudad de Cincinnati, mi hijo Bart, en su medianía de edad, nos dijo a su madre y a mí que ya no creía en Dios.

Toda la experiencia fue surrealista. Al principio, no creí lo que estaba escuchando, indudablemente porque no quería creerlo. Después de todo, este era mi hijo amado, quien por más de dos décadas había sido mi compañero en el ministerio. Bart había sido siempre mi confidente y mi mejor consejero cuando enfrentaba circunstancias difíciles y decisiones que surgían invariablemente al ministrar a gente pobre y personas oprimidas en las regiones urbanas de Estados Unidos y los países del Tercer Mundo. Habíamos orado y trabajado juntos y, como equipo, habíamos llevado esperanza y ayuda a lugares donde se necesitaban desesperadamente.

Como yo, Bart era un predicador itinerante que proclamaba con audacia el evangelio. Combinaba el mensaje de las buenas nuevas de salvación mediante la fe en Cristo con un ruego de justicia a favor de los desheredados socialmente. A través de los años, había llamado a decenas de miles de adolescentes y adultos jóvenes a alejarse de las seducciones de nuestra sociedad consumista y unirse a una revolución que podría llevar al mundo del desastre en que se encuentra a ser un paraíso como Dios quiere que sea.

En mis propios viajes, he conocido a muchos estudiantes universitarios cuyas vidas habían sido transformadas por la predicación y enseñanza de mi hijo. Una y otra vez encontraba ministros y misioneros que me decían que no estarían en el trabajo cristiano de no haber sido por la intervención de Bart. Incontables personas me hablaban en términos elogiosos sobre cómo el consejo amoroso y oportuno de Bart los había permitido pasar por luchas espirituales rescatándolos de la desesperación. Así que, ¿cómo iba a poder conciliar todo eso con la noticia que oí aquella fatídica noche de que Bart, en alguna parte, había perdido su propia fe en Dios?

Me sentí abrumado y terriblemente herido.

No recuerdo mucho lo que mi esposa Peggy o yo dijimos aquella noche cuando Bart nos dio la noticia. Por supuesto, él se había preparado para la ocasión, pero a nosotros nos encontró completamente desprevenidos.

Cuando más tarde estuvimos solos en nuestra habitación, Peggy me dijo que mientras escuchábamos a Bart, ella había estado orando silenciosamente para que mi dolor no me hiciera decir algo de lo cual tuviera que arrepentirme por el resto de mi vida. Me siento tranquilo de no haberlo hecho, pero sí me sentí perplejo e inseguro.

—¿Qué hacemos ahora? —le pregunté a mi esposa—.

No vaciló ni un momento:

—Mira —me dijo—. He pasado los últimos treinta años de mi vida diciéndoles a los padres de jóvenes homosexuales y lesbianas que, como cristianos, la única cosa que cualquiera de nosotros puede hacer es aceptar y amar a nuestros hijos, tal como son, en forma incondicional. Y no creo que haya otra cosa que podamos hacer tratándose de nuestro propio hijo.

Peggy dejó muy en claro que no había manera de que Bart perdiera el apoyo y el amor de su madre, aunque hubiese querido con todo su corazón que las cosas hubieran sido como habíamos pensado que eran solo horas antes. Mi propio corazón se estaba rompiendo, y ya empezaba a temer las preguntas que sabía que me harían tanto mis amigos como aquellos que no eran mis amigos, pero en ese momento yo también sabía que no habría manera en que Bart fuera a perder el amor incondicional de su papá.

Nuestro hijo ya nos había dicho cuánto nos amaba y cómo lamentaba que su sinceridad nos hiciera sufrir. Nadie estaba enojado. Nadie se sentía amargado. Yo no estaba seguro cómo, exactamente, pero confiaba que, como familia, sobreviviríamos a esta crisis, siempre y cuando Peggy y yo dependiéramos de Dios para que se hiciera cargo de lo que fuera que tuviéramos por delante. Todo lo que pudimos hacer aquella noche fue orar.

Una vez que el primer efecto del golpe hubo pasado, rápidamente me di cuenta de que no podría ni querría aceptar pasivamente la declaración de mi hijo de haber dejado la fe cristiana para adoptar el humanismo secular como su nueva religión. Por lo tanto, decidí que hablaría con él para pedirle respuestas a las preguntas más importantes que estaban ocupando mi mente. *¿Qué era lo que lo había hecho cambiar? ¿Habría alguna manera que lo hiciera reconsiderar su decisión y regresar a Cristo y a la comunidad cristiana? ¿Había yo fallado en modelar para él un estilo de vida que fuera consistente con las enseñanzas de Jesús? ¿Fue mi culpa que él se abandonara?*

Esta última pregunta me preocupó aún más cuando un editorial en *Christianity Today*, la principal publicación cristiana de Estados Unidos, sugirió que si no me hubiese concentrado tanto en cuestiones sociales y en mi preocupación por los pobres, la partida de Bart del cristianismo no habría ocurrido. Ese editorial realmente me dolió, porque me hizo dudar de que yo hubiese sido un buen padre.

Estas eran solo algunas de las preguntas para las que necesitaba desesperadamente respuestas. Afortunadamente, pronto tendríamos mucho tiempo para hablar él y yo. Poco después de que mi hijo nos anunciara la pérdida de su fe, hice arreglos para que pasáramos una semana en Inglaterra. Bart aceptó el plan con entusiasmo. Ambos éramos conscientes que tendríamos muchas horas de conversación durante ese tiempo entre mis compromisos ministeriales. Bart parecía tan ansioso de explicarse como yo de oír lo que tendría que decir. Oré mucho para que durante nuestras conversaciones yo pudiera decir cosas que ayudaran a traerlo de vuelta a la fe. Él, por su parte, quería ayudarme a entender qué lo había alejado del cristianismo y por qué todavía estaba entusiasmado acerca de su futuro. Este libro es producto de esas conversaciones.

En Inglaterra, en una sucesión de parques y cafés, conversamos extensamente. Éramos conscientes que mientras hablábamos, estábamos compartiendo nuestros sentimientos más íntimos y expresando nuestras más profundas convicciones. También nos dimos cuenta de que lo que estábamos diciéndonos mutuamente podía ser de ayuda a otras personas que estuviesen luchando con estos asuntos, y especialmente a padres e hijos que se encontraran en la misma situación conflictiva entre lo religioso y lo intelectual. Después de todo, para la mayoría de nosotros no hay ningún lugar seguro para hablar sobre los asuntos difíciles de la fe, resolver dudas o responder preguntas. No necesitábamos ninguna revelación especial para comprender que en una época en la que más y más jóvenes responden cuestionarios sobre filiación religiosa marcando en forma honesta el cuadro de «ninguna», las conversaciones respetuosas como las que estábamos sosteniendo deberían ocurrir también entre padres e hijos en situaciones parecidas a la nuestra.

El mundo no necesita más polémicas teológicas o debates sobre la verdad del cristianismo, y este libro no está tratando de ser ninguna de las dos cosas, aunque es cierto que siempre estoy tratando de hacer lo mejor como seguidor de Jesús. Si estás luchando con preguntas y dudas sobre la fe cristiana, parte de mi trabajo es responder a esas preguntas y aclarar esas dudas hasta donde pueda hacerlo y dar las mejores respuestas posibles sobre por qué creo que los cristianos deberían permanecer en el rebaño. Aunque entiendo que probablemente la fe de Bart no se restituya por mis argumentos, espero que al menos lo ayuden a estar abierto al trabajo que quiera hacer el Espíritu Santo en él. También espero que mis argumentos ofrezcan a otros cristianos la forma de mantener la comunicación con sus seres queridos no creyentes en forma amorosa y respetuosa sin comprometer el evangelio.

Ha llegado el momento para que Bart les cuente lo que nos dijo a su madre y a mí aquella fatídica noche de Acción de Gracias en Cincinnati, de modo que podamos comenzar esta conversación juntos.

Cómo fue que me fui: El periplo de un hijo a través del cristianismo

Por Bart Campolo

No podrás entender por qué dejé el cristianismo a menos que entiendas por qué me hice parte de él. Por supuesto, debido a que mi padre es un evangelista famoso, a menudo la gente piensa que yo fui un verdadero creyente desde el día mismo en que nací. Pero el hecho es que no llegué a ser cristiano, sino hasta que era un estudiante de segundo año en la secundaria. Aun entonces, no fue Tony Campolo quien me guió a Jesús.

No me malinterpretes. Yo no fui el hijo rebelde de un predicador que no quería ir a la iglesia porque odiara a mi padre por ser un hipócrita. Al contrario, mi papá era mi héroe. Me gustaba acompañarlo en sus compromisos como predicador. Por ese entonces, él no acostumbraba ir a lugares muy elegantes, pero sí hacía que los «extras» del viaje me resultaran entretenidos. Así, de camino a casa me llevaba a ver alguna película o una carrera de autos. Aun así, lo que realmente me atraía era observar a mi padre cómo hipnotizaba a sus auditorios con sus chistes, sus anécdotas conmovedoras y, sobre todo, con su pasión por Jesús.

Para ser sincero, hasta donde recuerdo, siempre he sido un *fan* de Tony Campolo. Cuando era un niño, aun después de haber oído sus mejores sermones docenas de veces, no podía dejar de reír, llorar y sentirme inspirado junto con el resto de la audiencia. Y cuando la gente lo trataba como una estrella de *rock*, yo me paraba a su lado y disfrutaba siendo el centro de la atención. Lo mejor de todo, él no era falso. Hasta donde podría decir, su predicación se ajustaba a su forma de vida. Sin duda, no fue mi padre quien me impidió llegar a ser cristiano antes. Él hacía que seguir a Jesús fuera una noble aventura y siempre supe que su fe era sincera. No. Mi problema era que yo simplemente no creía en Dios.

No es que eso me molestara mucho, pero fingir que aceptaba todas esas historias de la Escuela Dominical al pie de la letra y actuar como si el cielo y el infierno fueran lugares reales, me hacía sentir extraño. Pero yo era un buen chico y no tenía ningún interés en complicarle la vida a nadie. Así es que me callaba. Las cosas pudieron haber sido diferentes si yo hubiese tenido que actuar como si tuviera fe también en el ámbito de mi familia, pero, en general, nuestra familia no opera de ese modo. Desde el principio, mi hermana mayor, Lisa, no se anduvo con rodeos para demostrar su falta de interés por el cristianismo y nunca cambió de actitud. Más importante aún, aunque mi madre creció como la hija de un pastor antes de llegar a ser la esposa de un pastor, creo que es justo decir que ella, realmente, tampoco creía en Dios cuando Lisa y yo crecimos.

Ahora, mi mamá es una creyente sincera, pero su florecimiento tardío es enteramente otra historia. Lo que importa aquí es que hasta que me convertí a la fe cristiana estando en la secundaria, nuestro pequeño núcleo familiar era sorprendentemente secular por una votación de tres a uno. Mi papá, ocasionalmente, trataba de establecer devocionales diarios a la hora del desayuno, u oraciones familiares antes de irnos a dormir, pero tales iniciativas fueron siempre recibidas con muy poco entusiasmo, y cuando se hacían eran misericordiosamente breves. Mamá, Lisa y yo siempre lo acompañábamos cuando tenía compromisos de predicación localmente, pero cuando tenía que salir fuera de la ciudad, por lo general nos turnábamos para inventar razones para no ir a la iglesia. Respetábamos su cristianismo, tanto público como privado, pero la fe sobrenatural era su cosa, no la nuestra. En nuestra familia, la verdadera religión era la amabilidad. Mientras yo fuera amable, y especialmente amable con los marginados, estaba bien. En realidad, todo se reducía a eso.

Afortunadamente, ser amable era algo natural en mí, en parte porque siempre me ha agradado estar en contacto con la gente y en parte porque aprecio lo que pueda recibir de ellos como retroalimentación. Especialmente de mi madre. Vez tras vez ella me ponía frente a un desafío —hacer reír a una anciana solitaria, invitar a algún niño torpe a jugar, atender las heridas de algún animal accidentado— para luego, cuando la obedecía, llenarme de elogios. «¿No te sientes bien ahora?», me preguntaba después, y la verdad es que sí, me sentía bien.

Cuando llegué a la escuela secundaria, sin embargo, me sentí incluso mejor por ser atlético y popular, especialmente después de que me convertí en el portero titular del equipo de fútbol universitario, cuando era estudiante de segundo año. De repente, era invitado a todas las grandes fiestas, y hermosas chicas que nunca se habían fijado en mí empezaron a sonreírme. Si bien todo eso me llamaba la atención, me mantenía cauteloso. En cambio, a medida que la temporada avanzaba me fui poniendo más consciente de que mi nuevo estado como alguien importante en el campus no tenía nada que ver con mi carácter. Así fue como, en un sentido espiritual, estaba maduro para la cosecha.

Debí haber sospechado cuando Joel, el simpático y apuesto alumno del último año a quien yo había desplazado de su posición de portero titular, empezó a mostrar un interés especial por mí, pero no lo hice; más bien lo tomé con calma cuando en lugar de estar molesto por haberle quitado su protagonismo se convirtió en mi mayor apoyo, alentándome en las prácticas y animándome durante los juegos. Nunca me pregunté por qué me estaba cultivando como amigo, incluso cuando un día me invitó a que lo acompañara a la reunión de su grupo de jóvenes de la iglesia, el jueves por la noche. Una vez que llegamos allí, yo estaba demasiado emocionado como para preocuparme.

Primero, imagínate a unos trescientos adolescentes de una docena de escuelas secundarias del área llenando un salón multiusos alfombrado, saludándose con abrazos y dando la bienvenida a los nuevos que llegaban; dividiéndose en equipos para juegos de alta energía y luego trasladándose todos a un auditorio oscurecido donde se proyectaban videos en una pantalla gigante, mientras un conjunto musical en vivo tocaba rocanrol, después de lo cual un director joven se levantaba para dar una charla sobre lo que significa ser un verdadero amigo cuando alguien está en problemas. Luego, imagínate a esos mismos muchachos: un grupo surtido donde había atletas, porristas, *nerds*, drogadictos, músicos y marginados sociales felizmente agrupados después de la reunión, hablando sobre su próximo proyecto de servicio. Sea que lo veas o no, yo sí podía verlo: el grupo de jóvenes de Joel era para mí absolutamente perfecto. Un club con entusiasmo de alto octanaje para los adolescentes que realmente disfrutaban haciendo que las cosas fueran mejores para otras personas. Yo me sentí capturado desde el primer día y, durante los siguientes meses, ese grupo juvenil rápidamente se convirtió en el foco principal de mi vida.

Por supuesto, no tardé mucho en descubrir que todo aquel movimiento estaba construido sobre el mismo tipo de cristianismo al que yo había estado expuesto —y que no me había convencido— hasta donde podía recordar. Joel y sus amigos no eran creyentes nominales. Eran serios acerca de su fe, a diferencia de los muchachos de la secundaria que no tomaban nada en serio. Estos se levantaban temprano para orar, celebraban estudios bíblicos en la cafetería, cantaban himnos mientras se dirigían a ver alguna película y se preocupaban unos de otros en todo, desde memorizar pasajes bíblicos hasta mantenerse puros sexualmente. Lo que más me impresionaba, sin embargo, era la sinceridad de su amor y la profundidad de su compromiso de atraer a otros a su círculo de servicio. Yo seguía sin creer en Dios, pero por primera vez en mi vida realmente quise creer, no porque tuviera miedo de ir al infierno, sino porque quería convertirme en un miembro de la comunidad más celestial que jamás hubiera visto.

Eso fue exactamente lo que pasó. Al principio, solo quería sentir la emoción de ser un cristiano, pero estando entre tantos creyentes ardientes, era solo cuestión de tiempo antes de que empezara a creer. Después de todo, nosotros, los seres humanos, somos supernaturalistas por naturaleza, especialmente cuando se nos motiva social y emocionalmente en esa dirección. Cuanto más cantaba con todos los demás esos himnos evangélicos, más entendía lo que decían. Todavía tenía mis dudas acerca de la Biblia, pero no le hacía sombra a mi certeza acerca de las experiencias trascendentales y el estilo de vida lleno de amor de mis nuevos amigos. Así fue como, unos meses después, cuando Joel me invitó a un McDonald's y me preguntó si quería aceptar a Jesucristo como mi Señor y Salvador personal, no dudé en hacerlo.

No recuerdo exactamente cuándo descubrí que Joel, director de los líderes adultos de nuestro grupo de jóvenes, había puesto sus ojos en mí como un prospecto potencialmente valioso, lo que lo llevó a buscar intencionalmente la cercanía conmigo. Darme cuenta de sus intenciones no me molestó. Por el contrario, me sentí halagado. Por supuesto, para ese entonces me estaba enseñando cómo evangelizar muchachos, ya fuera porque necesitaran la calidez que nuestro grupo podía ofrecerles, o porque, al igual que yo, eran populares y posibles líderes potencialmente talentosos que podrían ayudarnos a atraer a otros. Así que, desde el principio, comprendí que seguir a Jesús no era tanto ganar un boleto para ir al cielo, sino que se trataba de transformar al mundo, ganando a los jóvenes en un plan de uno por uno.

Para un muchacho de secundaria como yo, convertirse en un cristiano evangélico era una bonanza psicológica. En el momento en que estaba tratando de averiguar quién era yo y dónde encajaba, llegó el grupo de jóvenes de Joel ofreciéndome una identidad ya hecha que respondía de más las preguntas que me venía haciendo. De repente, supe quién era con respecto no solo a Dios, sino también al resto del grupo y, por ende, al resto del mundo. Pronto se me asignaron mentores por un lado y, por el otro, un puñado de creyentes más jóvenes para inculcarles los valores cristianos, valores que yo mismo iba aprendiendo mientras los enseñaba. Juntos aprendimos a considerar a todos los que no eran parte de nuestra fe como conversos potenciales cuyo bienestar inmediato y destino final eran de nuestra absoluta responsabilidad.

Más que nada, me gustaba ser parte de lo que me parecía un movimiento revolucionario. Siempre me había preocupado por ayudar a otros, pero este estilo de cristianismo enfocaba mi sentido de misión de una manera poderosa y exigía que ordenara el resto de mi vida en función de ella. En un sentido muy real, se me enseñó que Dios —y en particular mi trabajo en nombre de Dios— debe estar en cada decisión que haga, desde el tipo de música que quiero escuchar (sugerencia: debe estar relacionada a Dios) hasta la hora en que me levante por las mañanas (sugerencia: suficientemente temprano como para disponer de al menos treinta minutos para la lectura de la Biblia y oración) a cuantas veces te masturbaste cada semana (sugerencia: apuntar a cero). Por más pesado que parezca, llegar a saber exactamente cómo ser una buena persona me pareció extrañamente liberador, aunque mis amigos y yo nunca llegáramos a cumplirlo completamente. Después de todo, incluso como cristianos novatos, ya estábamos cambiando el mundo para mejor simplemente trayendo más gente al redil.

Pero aquí está la cosa, por mucho que me encantara mi nueva identidad y mi nuevo estilo, desde el principio luché con la narrativa cristiana en torno a la cual giraba mi vida. Mientras que para mis compañeros creyentes todo era normal y aceptable, para mí el Antiguo y el Nuevo Testamento parecían repletos de problemas. De hecho, mis experiencias ocasionales de trascendencia espiritual durante las reuniones de oración o adoración en grupo las sentía más confiables que mucho de lo que encontré en la Biblia. Desde la historia de la creación en Génesis hasta la resurrección de Jesús, y hasta llegar a las profecías apocalípticas del Apocalipsis, encontraba grandes franjas de las Escrituras que me eran prácticamente increíbles. Conozco a algunas personas que son atraídas a las religiones tradicionales por sus revelaciones divinas y los milagros, pero para mí, los aspectos sobrenaturales del cristianismo fueron siempre el precio de la admisión, no la atracción.

Por supuesto, todas esas revelaciones e historias milagrosas en la Biblia no me hubieran parecido tan difíciles de creer si hubiese visto algo parecido sucediendo en mi propio mundo. Desafortunadamente, incluso en aquellas ocasiones en que la intervención divina fue más claramente solicitada, no vi tal cosa. En estos días, la gente a menudo pregunta exactamente cuándo perdí la fe, como si las escamas hubiesen caído de mis ojos en un instante. Pero la verdad es que mi ortodoxia cristiana y, finalmente, mi capacidad para creer en algo sobrenatural, en realidad fueron muriendo durante mil heridas, y diez mil oraciones sin respuesta, a lo largo de más de treinta años.

La primera de esas «heridas» la recibí casi inmediatamente después de que algunos estudiantes universitarios de mi nueva iglesia me invitaran a unirme a ellos para dirigir un campamento cristiano de verano en Camden, Nueva Jersey. Teniendo en cuenta mis nuevas prioridades, acepté sin tener la menor idea de a dónde íbamos o qué habríamos de hacer. Recién cuando llegamos al vecindario el primer día me di cuenta de que nosotros, cuatro misioneros decididos, estábamos en camino de intentar algo muy por encima de nuestras posibilidades.

A finales de la década de 1970, Camden era un gueto clásico del interior de la ciudad. La cocaína en crack corría libremente por las calles, y las señales de destrucción estaban por todas partes. No eran solo las casas cerradas con tablas, los coches rotos y los grafitis lo que me asustaba, sino también los jóvenes que veía por los rincones y los drogadictos que empujaban sus carritos de compras del supermercado cargados con sus propias miserias. Cuando salimos del coche para repartir volantes de puerta en puerta, me preguntaba si alguno de nosotros volvería en una sola pieza y, aun si lo lográbamos, estaba absolutamente seguro de que nadie se aparecería por nuestro campamento. A la mañana siguiente, sin embargo, estábamos vivos y bien y había casi cien niños esperando en el aparcamiento de la iglesia una hora antes de que abriéramos la puerta para el desayuno.

Como te podrás imaginar, el resto de ese verano fue puro caos. Durante cuatro horas cada día sentí que todo lo que hacía era gritar «¡No!», «¡Detente!», y «¡Quédate quieto!». Aunque seguramente les conté muchas historias bíblicas, los dirigí en muchas canciones y juegos y los ayudé con un montón de artes y proyectos de artesanías, sinceramente recuerdo muy poco del programa de actividades para cada día, excepto que casi nada funcionó de la manera que mis compañeros y yo habíamos planeado. En cambio, lo que sobresale en mi memoria son los preciosos y brillantes niños y niñas a los que llegué a querer ese verano, y la increíble confusión que sentí cuando comencé a darme cuenta de lo que se enfrentaban.

Pese a mi inexperiencia en el trabajo de misionero urbano, siempre me fueron fáciles las amistades interculturales, y estos niños estaban ansiosos por contarme sus historias. Nunca antes me había enfrentado a la pobreza, a la violencia callejera, a la adicción a las drogas, a la brutalidad policial o al abuso sexual, y aquí había de todo eso derramándose diariamente sobre o frente a estos niños inocentes del campamento. Este no es el lugar para describir esas realidades, pero basta con decir que me cambiaron completamente. Cuando salí de Camden para comenzar mi penúltimo año de secundaria, estaba decidido a pasar el resto de mi vida haciendo lo mejor para la gente, y especialmente para los niños atrapados en lugares difíciles como aquel.

Sin embargo, aunque no tenía dudas acerca de mi vocación, mi nueva fe fue sacudida por el sufrimiento que había visto en las vidas de nuestros niños del campamento y sus familias, lo que cuestionaba todo lo que estaba aprendiendo acerca de Dios. Un encuentro, en particular, resumió mi lucha y, por mucho que lo intentara, no podía dejar de pensar en ello. Hacia el final del verano había llegado a conocer a Shonda, la afectuosa y amable madre de uno de mis campistas favoritos, un bullicioso muchachito de diez años llamado Craig. Dado mi «nuevo celo de convertido», era solo cuestión de tiempo antes de tratar de llevarla a Cristo, pero cuando lo hice, me paró en seco. «No pierdas el tiempo conmigo», me dijo con un tono de amargura en su voz. «Aprecio lo que estás tratando de hacer aquí, pero no quiero oír hablar del amor de Dios. Olvídate de eso conmigo». Su reacción me sorprendió al punto que la presioné para que me lo explicara.

Según me dijo, había crecido en una familia cristiana, y se sentía muy a gusto en la iglesia; hasta que un día, a los nueve años de edad, mientras regresaba de la escuela a su casa, un grupo de adolescentes la arrastró a una casa vacía y la violaron. Unos días más tarde, cuando quiso saber por qué Dios no había venido en su auxilio, su maestra de la Escuela Dominical le explicó que siendo Dios omnisciente y todopoderoso pudo haber ido en su auxilio, pero lo había permitido por alguna buena razón. Lo que en realidad Shonda tenía que preguntarse —prosiguió la maestra— era qué podía aprender de la experiencia que le permitiera amar y glorificar a Dios mejor. En ese momento, me dijo Shonda, había rechazado a Dios para siempre.

Desafortunadamente, mi teología en ese momento no era muy diferente a la de la maestra de Escuela Dominical de Shonda. De hecho, yo creía que Dios era soberano, y que cualquiera que no acepte a Jesús en esta vida se iría al infierno, lo cual hacía que Dios pareciera el más cruel de los tiranos, al menos en lo que concernía a Shonda. Para mí era absurdo pensar que un Dios todopoderoso y amoroso no quisiera proteger a una niñita inocente en esta vida, y entonces, cuando ella no pudiera confiar en Jesús, destinarla a la condenación eterna en la vida venidera. Era tan absurdo, en verdad, que decidí pensar de otra manera.

En primer lugar, decidí que Dios no estaba realmente en control de todo lo que sucede en este mundo, y que debía haber algún tipo de puerta trasera al cielo para las personas buenas que no fueron a Jesús antes de morir. Por supuesto, no fui por el mundo proclamando estos cambios de creencia; me tomó años trabajar cuidadosamente mis argumentos y encontrar los versículos bíblicos que me respaldaran. Para mejor o para peor, disipar la soberanía de Dios y alzar su misericordia era simplemente una reacción visceral a la historia de Shonda. En otras palabras, por primera vez en mi vida cristiana, sin consultar a mis líderes ni a la Biblia, instintiva y silenciosamente ajusté mi teología para acomodarla a mi realidad.

No me di cuenta entonces, pero ese fue el comienzo del fin para mí. Durante los siguientes treinta años, las realidades de mi vida me forzaban a un ajuste teológico tras otro hasta que no quedó nada de mi ortodoxia evangélica. Por ejemplo, en la universidad Haverford mis dos compañeros de cuarto eran homosexuales. Los estudiantes con los que trabajaba en esos días difícilmente lo habrían podido imaginar, pero cualquiera que haya vivido a comienzos de los años 80 podrá recordar que había muy pocos lugares donde se hablara abiertamente de la homosexualidad, y mucho menos aceptada y protegida. En Haverford, sin embargo, las cosas eran diferentes. Allí, por primera vez, conviví con personas que, en los tres años previos, los habría considerado como los pecadores más lamentables. Por supuesto, yo trataba de convertirlos en todo sentido, pero para hacer eso, sabía que primero tendría que conocerlos y amarlos. Por aquel tiempo era yo el que había cambiado. Durante un tiempo luché por reconciliar los mandatos claros de la Biblia contra la conducta homosexual con mi conciencia de que las orientaciones sexuales de mis amigos no eran más elegidas que las mías. Al final, sin embargo, ninguna de mis «soluciones» interpretativas realmente satisfizo tanto a mis condiscípulos como a mis sensibilidades cristianas. Y supe que tenía que elegir entre ellas.

Más tarde, como pastor de jóvenes en Minneapolis, Minnesota, conocí a Marty Thorpe, con quien me casé. Marty trabajaba como consejera residente en un centro de rehabilitación para mujeres drogadictas ubicado a unas pocas cuadras de nuestra iglesia. Al igual que mi madre, Marty era una hija de pastor que luchaba con sus propias dudas, y desde el principio nos encontramos turnándonos para hacer preguntas difíciles y tratar de responderlas, especialmente después de que nos trasladamos a Filadelfia para iniciar nuestro propio ministerio. Conozco a varias parejas jóvenes que han visto su fe fortalecida en el proceso de tener hijos, pero eso no funcionó con nosotros. Por el contrario, mientras más crecían nuestros hijos, más nos dábamos cuenta de lo incómodos que nos sentíamos tratando de adoctrinarlos con algunos de los principios básicos del cristianismo, a pesar de que para entonces ambos estábamos comprometidos de lleno en el reclutamiento de estudiantes universitarios cristianos para organizar campamentos para los niños de todos los barrios de la ciudad. No me malinterpreten, por ese entonces, Marty y yo éramos fieles creyentes y nuestro compromiso de impartir las enseñanzas de Jesús acerca de las relaciones amorosas, la justicia social y el fortalecimiento de la vida en comunidad estaba creciendo día a día. Era el contenido de nuestra fe lo que iba decayendo, no su intensidad.

El infierno hacía tiempo que había desaparecido, gracias a Shonda y a una serie de otras Shondas que llegamos a conocer. También la inerrancia bíblica, gracias a nuestros amigos homosexuales. Más tarde, al ver a un niño tras otro maltratado por el abandono y el abuso, a amorosas parejas incapaces de concebir, a padres jóvenes muriendo de cáncer y a amigos adictos recayendo en sus vicios, para no mencionar la destrucción causada por la pobreza, las guerras y todo tipo de desastres naturales a pesar de nuestras desesperadas oraciones, la idea de que Dios no podía hacer otra cosa que llorar con nosotros se agregó a lo que ya veníamos sintiendo. Ambos siempre amamos a Jesús, por supuesto —¿quién no, realmente?—, pero mientras más pensaba en la cruz, más me preguntaba por qué Dios no podía perdonarnos sin matar a nadie, de la manera en que nos dice que nos perdonemos los unos a los otros. Y si Jesús no necesitaba morir para salvarnos —seguía en mis cavilaciones— quizá no habría necesitado nacer de una virgen o resucitar de entre los muertos. Quizá él no era realmente divino, sino solo otro buen hombre cuyos seguidores le fueron leales después de su muerte.

Repito, nada de esto ocurrió de un momento a otro ni todo al mismo tiempo. A lo largo del proceso, Marty y yo permanecimos profundamente comprometidos a seguir las enseñanzas de Jesús pese a que nuestra confianza en sus orígenes sobrenaturales se había venido erosionando gradualmente. Aunque me mantuve predicando, con el tiempo mis sermones fueron menos acerca del poder de Dios y más sobre su amor, que cada vez combinaba más y más con nuestro amor el uno por el otro.

Si esto fuera una autobiografía, describiría en detalle cómo nuestro pequeño ministerio en el interior de la ciudad de Filadelfia llegó a ser una organización nacional conocida como Año de la Misión, y cómo dirigimos Año de la Misión durante casi quince años antes de que me diera cuenta de que toda esa predicación, reclutamiento y organización me habían alejado de conocer realmente el tipo de personas que me habían hecho entrar en ello en primer lugar, y cómo Marty, Miranda, nuestra hija de catorce años, y Roman, nuestro hijo de once años, estuvieron listos para trasladarse a Cincinnati para que yo pudiera empezar de nuevo a partir de cero.

En lugar de eso, les diré que casi tan pronto como llegamos a Cincinnati, nos sentimos rodeados por amigos que compartían nuestros más preciados valores y juntos llegamos a crear una comunidad muy buena en un lugar muy difícil. En medio de esa comunidad, Miranda y Roman crecieron hasta la edad de adultos jóvenes con una cantidad increíble de apoyo y estímulo, y cuando tomamos en custodia a Corbin, un amigo de Roman, toda nuestra familia se completó de una manera que ninguno de nosotros podía haber anticipado. Marty también floreció, primero como artista y luego como gerente de un café realmente fabuloso cerca de la universidad de Cincinnati, mientras que yo finalmente empecé a trabajar con la gente pobre como ministro relacional en exactamente la forma que siempre había soñado. Además de todo eso, nos enamoramos de la belleza, la amabilidad y la comodidad de la ciudad. En pocas palabras, Cincinnati era y es un lugar estupendo para vivir, especialmente para un ávido ciclista como yo.

Mencionar lo de la bicicleta en ese último párrafo podría parecer raro, pero lo considero una transición necesaria. Sigue leyendo y luego me dirás si tengo razón o no. Aunque siempre me ha gustado la bicicleta, no empecé a usarla en serio hasta que el dolor provocado por una combinación de lesiones jugando al básquetbol y artritis no me dejaron otra forma de ejercicio. Ahora ando tres o cuatro veces por semana, a menudo por unas cincuenta millas cada vez; me visto con ropa deportiva de colores brillantes esperando no encontrarme con nadie conocido. Los Ángeles es una ciudad horrible para este tipo de deporte, pero en Cincinnati no tenía que ir muy lejos para encontrarme en una zona rural en medio de las verdes colinas del suroeste del Estado de Ohio o el norte de Kentucky. Irónicamente, fue en una de esas hermosas colinas, y no en algún callejón oscuro y aterrador del centro de la ciudad, que casi pierdo la vida cuando en el verano de 2011 me di un fuerte golpe en la cabeza.

No tengo ningún recuerdo del accidente que puso mi vida patas arriba. Solo recuerdo haberme vestido y salido de la casa esa mañana y haberme despertado en el hospital, pero de las horas intermedias no recuerdo nada. Entiendo que iba cuesta abajo en una carretera recién pavimentada cuando perdí el control, me pasé al carril contrario, la rueda delantera se atascó en algo y yo volé a casi sesenta y cinco kilómetros por hora, golpeándome de cabeza contra un árbol.

Sin duda que el casco salvó mi vida, pero aun así, terminé con una conmoción bastante seria. Durante las primeras horas, no sabía cuántos años tenían mis hijos o quién era el presidente de Estados Unidos, y repetía las mismas pocas conversaciones una y otra vez. Para el mes siguiente o algo así, aunque ya me había estabilizado en lo básico, no me sentía yo mismo. Pensaba muy despacio y no bien. No podía recordar cosas sencillas. Me dolía la cabeza cuando trataba de leer o ver televisión. Lloraba o me enojaba por insignificancias. Durante mucho tiempo no podía concentrarme en nada. Lo único que quería era dormir. Mi médico decía que todos esos síntomas eran parte normal del proceso de recuperación, pero no dejaba de preocuparme que no pudiera recuperarme del todo. Finalmente, cuando me sané completamente, estaba más que agradecido.

Siempre he sido una persona entusiasta, pero después de que me recuperé, cada cosa buena en la vida la sentía infinitamente más maravillosa. La comida sabía mejor. El aire que respiraba tenía un grato aroma. Cada miembro de la familia y cada nuevo amigo que hacía me parecían un milagro de la humanidad. Me encantaba dormirme por las noches y despertar a la mañana siguiente. Leer y escribir eran emociones frescas. Abrazar y besar eran algo extraordinario. En un sentido muy real, sentía que había nacido de nuevo. Esta vez, sin embargo, mi mente estaba solo en esta vida.

Cuanto más pensaba en lo que había sucedido, más pensaba en las tres grandes lecciones que me había dejado el accidente en bicicleta. En primer lugar, aprendí que mi identidad central, mi ser esencial si se quiere, está todo en mi cabeza. No quiero decir que sea un producto de mi propia imaginación, por supuesto, sino más bien que mi personalidad individual, mente, corazón y alma están contenidos en mi cerebro. En pocas palabras, si algo se complica en mi cerebro, afecta lo que realmente soy. Llegué a saber esto directamente porque, bueno, cuando mi cerebro se estrelló contra un árbol a casi sesenta y cinco kilómetros por hora, mi identidad central cambió bruscamente.

Probablemente esto debí de haberlo deducido respecto de mí y de todo el mundo mucho antes. Después de todo, ya había leído suficientes libros populares de ciencia como *Blink*, de Malcolm Gladwell y *The Compas of Pleasure*, de David Linden, para saber que tanto nuestros juicios como nuestros deseos están controlados en gran medida por la liberación y absorción de ciertas sustancias químicas en el cerebro, en formas que nuestro ser consciente solo comprende vagamente. Además, había observado con consternación cómo un amigo mío, después de sanar milagrosamente de un tumor cerebral masivo, era tan diferente en cuanto a sus habilidades y apetitos que ni él ni su familia lo reconocían como la misma persona. *¿Cuál de los dos Chris llegaría a estar en el cielo?*, me pregunté en aquel momento. Sin embargo, después de pasar tantos años predicando que solo nuestros cuerpos son mortales, me había resistido obstinadamente a la idea de que nuestros espíritus podrían ser lo mismo.

Mi segunda lección fue aún más simple. Siempre lo había sabido en teoría, pero después de haber escapado a la muerte gracias a una delgada pieza de plástico y de espuma de poliestireno de mi casco, de repente lo supe en una manera profunda e inmediata: voy a morir, y muy probablemente demasiado pronto.

Sin embargo, fue la tercera lección la que para mí dio sentido a las otras dos y a todo lo demás: cuando mi inminente muerte por fin llegue, la materia y la energía que conforman mi cuerpo —incluyendo mi cerebro y la identidad central que contiene— serán rápidamente descompuestas, absorbidas y transformadas por el resto del universo, y tú, Bart Campolo, desaparecerás para siempre. Algún día, muy pronto, yo ya no existiré en ninguna manera o forma, así como no existía para los miles de millones de años antes de que yo naciera. Me guste o no, esta vida es la única que tengo.

Uno de los momentos que recuerdo más claramente después de mi accidente fue cuando le dije a Marty lo que había estado pensando. En un sentido no era muy diferente a otras miles de conversaciones que habíamos tenido, cuando ella o yo luchábamos con la lógica de la fe. La gente suele preguntarle a Marty cómo la afectó mi desconversión, como si ella no hubiese sido parte de la experiencia, pero la verdad es que hemos transitado juntos este camino, adelantando juntos algunas veces y retrocediendo juntos otras veces. Esta vez, sin embargo, me preguntaba si ella podría pensar que su esposo se había cruzado de carril.

En cambio, la conversación fue algo como esto:

—¿Sabes, Marty? Creo que cuando morimos, con la muerte se termina todo. Estoy bastante seguro de que esta vida es todo lo que hay.

—Sí, yo he estado pensando lo mismo.

—¿En serio?

—Sí, en serio.

—Bueno, eso es bueno… ¿Verdad?

—Supongo que sí. Sin embargo, ¿qué vas a hacer ahora?».

—¿Cómo qué vas a hacer ahora?

—Bueno, quiero decir que no puedes seguir siendo cristiano si no crees en Dios.

Y eso fue todo.

Marty obviamente lo había tomado con calma, pero en ese momento darme cuenta de mi propia finitud fue no solo aterrador, sino indescriptiblemente emocionante. Por un lado, como observó Marty, para bien o para mal, se eliminaba inmediatamente lo que quedaba de mi fe cristiana. Yo sabía, por algunos amigos judíos, que era posible creer en un Dios bueno y justo sin necesariamente tener que creer en la eternidad de nuestras almas individuales, pero para un cristiano de larga data como yo, eso no sonaba como una opción viable. Mi entendimiento básico de la justicia divina dependía totalmente de la promesa de que todos los que habían sido cruelmente engañados por el pecado en este mundo serían más que suficientemente recompensados por Dios en el mundo venidero. En lo que a mí respecta, si no había vida después de la muerte, no había un Dios bueno y justo, lo cual reducía las enseñanzas de Jesús a una extraña mezcla de metafísica delirante y sabiduría de sentido común acerca de los beneficios de la virtud. Lo que hacía que el resto del universo pareciera mucho más aterrador de lo que había sido antes, ahora que sabía que no estaba a mi favor.

Por otro lado, el darme cuenta de que esta vida era todo lo que tenía, de inmediato generó dentro de mí un irresistible sentido de urgencia por descubrir una nueva forma de vivirla.

Hasta entonces siempre había caminado por fe, más o menos, pero de repente necesitaba aprender a caminar por vista, y no solo por mi propio bien.

Después de esa primera conversación, Marty me hizo otra pregunta:

—¿Quieres seguir casado, ahora que no hay Dios para castigarnos si decidimos deshacer nuestro matrimonio?

Aunque estaba seguro que no hablaba en serio, de todos modos la pregunta no dejó de inquietarme.

—Quiero seguir casado contigo —contesté rápidamente—. ¿Y tú?

—Yo también —dijo con una sonrisa maliciosa—. Te encuentro muy atractivo. —Y entonces, como si recién se le viniera a la mente, añadió—: ¿Y los hijos? ¿Todavía los amas?

—¡Por supuesto que sí, tontuela!

—Bien —dijo ella, con toda naturalidad, como si estuviera guiándose por una lista de verificación—. Yo también. Pero ¿qué pasa con lo demás? ¿Todavía querremos llegar a los pobres, ahora que no tenemos por qué hacerlo? ¿Y preocuparnos por levantar comunidades cálidas y acogedoras? ¿Seguiremos comprometidos con la justicia social? ¿Y la educación y las artes? ¿Seguiremos convencidos de que el amor sacrificial es la mejor forma de vida?

Por supuesto que ella ya conocía las respuestas a todas esas preguntas, pero de todas maneras las hizo para dejar todo claro. Algunas cosas en nuestras vidas iban a ser diferentes de ahora en adelante, pero no las más importantes. Cristianos o no, seguíamos siendo las mismas personas, la misma pareja.

Nuestras cosmovisiones habían cambiado, pero nuestros valores más importantes no. La verdadera pregunta no era cómo íbamos a vivir sin Dios; ya sabíamos eso. La verdadera pregunta era cómo íbamos a justificar ese estilo de vida, a nosotros mismos, a nuestros hijos, a nuestros amigos cristianos y, especialmente, a otras personas sin fe, ahora que ya no teníamos que estar sujetos a la Palabra de Dios.

Esa es la parte que me emocionó, desde el principio. Tan pronto como me enfrenté al hecho de que ya no creía en el cristianismo, o en cualquier otro tipo de sobrenaturalismo, lo primero que quise hacer fue elaborar una nueva base filosófica para un modo de vida que yo ya sabía que funcionaba en la práctica. Tal vez fue porque yo había funcionado eficazmente como un agnóstico por algunos años ya, pero nunca se me ocurrió que la vida sin Dios podría no tener ningún significado. Por el contrario, entre mis primeros pensamientos después de mi desconversión estuvo este: *¡Asombroso! ¡Evangelizar a la gente hacia el amor, la justicia y la comunidad va a ser mucho más fácil ahora que no tengo que convencerlos para que compren un paquete completo de increíbles mitos de la Edad del Hierro al mismo tiempo!* Entonces, casi tan pronto como mi cerebro, todavía en proceso de sanidad, me lo permitió, me fui a la biblioteca a leer sobre los llamados nuevos ateos.

Estoy aquí contando mi propia historia sin pretender convencer a nadie para que no crea en Dios, así que no necesito resumir los diversos argumentos lógicos, científicos y de sentido común de Richard Dawkins, Christopher Hitchens, Daniel Dennett y Sam Harris. Basta decir que sus reputaciones como desmitificadores religiosos, campeones de la ciencia y celebrantes de las maravillas de la naturaleza son bien merecidas, y que la lectura de sus libros fue tremendamente útil para mí como un secularista emergente. Uno de esos libros en particular, *Letter to a Christian Nation* [Carta a una nación cristiana], es prácticamente un resumen palabra por palabra de mis frustraciones durante mis últimos días como creyente, y una especie de manual para responder a las preguntas que más comúnmente me planteaba por aquel tiempo.

Sin embargo, por mucho que apreciara a los nuevos ateos, rápidamente me di cuenta de que aunque eran excelentes en detallar los fundamentos filosóficos de la incredulidad, desafiando los fundamentos y las implicaciones de diversas teologías y prácticas religiosas, y abogando por enfoques más racionales a los problemas de la vida, no tenían interés en crear nada parecido a una iglesia secular. Por el contrario, se sentían repelidos por el contenido de la religión tradicional y por su forma, y, en particular, por el espectro de que cualquiera adoctrinara o convirtiera intencionalmente a otra persona para que viviera una forma de vida diferente. En este respecto, ellos eran y son como muchos miembros de la comunidad secular establecida que todavía están recuperándose de las malas experiencias con la religión.

Yo seguía viviendo en el barrio de Walnut Hills, en Cincinnati, rodeado de vecinos con todo tipo de problemas, y después de casi treinta años de ministerio juvenil, sabía que había mucha gente por ahí buscando orientación e inspiración. Comprendí y respeté la integridad de los nuevos ateos

con su acercamiento de «vive y deja vivir», pero no pude
adoptarlo para mí mismo. Al final, resultó que mis valores no
habían sido lo único en mí que no había cambiado. Todavía
era y soy un evangelista de corazón. Después de mi desconversión, las explicaciones científicas y los argumentos lógicos
no me bastaban; estaba buscando un nuevo evangelio.

El pastor no-conformista Edwin Paxton Hood advirtió
en una ocasión: «Ten cuidado con los libros que lees como
con las compañías que mantienes; porque tus hábitos y carácter serán influenciados tanto por lo primero como por
lo segundo». En mi caso, fue la compañía que mantuve (mi
alegre amigo ateo Rich Stazinski) que me dio el libro (*The
Great Agnostic* [El gran agnóstico, por Susan Jacoby] que cambió todo al introducirme no solo a mi nuevo evangelio —el
humanismo secular—, sino también a mi nuevo héroe, el político y orador del siglo diecinueve Robert Ingersoll. Antes de
que me diera cuenta, mi escritorio estaba cubierto por volúmenes de innumerables discursos, artículos, poemas, elogios
y cartas, y todo lo que pude pensar fue cuán afortunado fui
que la historia no los hubiera olvidado completamente antes
de que yo estuviera listo para apreciar su ingenio y sabiduría.

Una vez más, este no es el lugar para intentar un resumen
de Ingersoll, que fue criado por un devoto ministro cristiano antes de convertirse en uno de los oradores más famosos
de la nación. En una época en que los discursos públicos
eran entretenimiento popular, Ingersoll atrajo a multitudes
para escuchar sus conferencias sobre ciencia, abolicionismo,
la teoría de Darwin sobre la evolución por selección natural,

la separación de iglesia y estado, la libertad de expresión, los derechos e igualdad de las mujeres, el humanismo y el pensamiento libre, y las muchas deficiencias de la Biblia, la iglesia y los predicadores. Al decir de todos, incluyendo a sus enemigos, era fogoso, simpático, apasionado y tremendamente entretenido. Sin embargo, lo que más me impresionó cuando comencé a leerlo fue su compromiso profundo y obvio con el amor como la última esperanza de la humanidad y su gran elocuencia en comunicarla. Mejor que nadie que haya conocido, ponía en palabras la idea de que el camino más seguro a la verdadera felicidad es preocuparse de la felicidad de otros. Al instante se convirtió en mi modelo como un evangelista humanista secular.

Gracias a Ingersoll, no tardé mucho en saber lo que quería hacer, y gracias a Marty, no temía que al hacer lo que quería pudiera costarme mi matrimonio. Tampoco estaba preocupado por perder a mis hijos, dadas las muchas conversaciones que a través de los años habíamos tenido sobre las diferencias religiosas. Mis hijos siempre se habían expresado abiertamente sobre sus propios problemas con el cristianismo durante años, y aunque mi hija todavía se involucraba en asuntos de la iglesia, siempre se mantuvo abierta hacia aquellos que no lo hacían. Asimismo, aunque la mayoría de los amigos más cercanos de Marty y míos eran cristianos comprometidos se habían mantenido al lado de nosotros a través de tantos cambios, y estaba seguro de que no nos quitarían ahora su amistad. Honestamente, los únicos que me preocupaban eran mis padres y cómo reaccionarían al enterarse de todo esto. Habían sentido el golpe cuando Marty y yo, de la noche a la mañana, nos alejamos de ellos al mudarnos a Cincinnati y, de nuevo, cuando dejé de administrar la oficina de papá unos años más tarde, por lo que me imaginé que escuchar esta noticia sería para ellos parecido a un terremoto de gran intensidad.

No hay hijo no creyente de padres extremadamente religiosos que no tema romperles el corazón, algunos a tal extremo que prefieren mantener su situación en secreto. Pero en mi caso, eso nunca fue una opción. No era solo que ya no podía trabajar como profesional cristiano, o que ya estaba planeando mi nueva carrera como líder secular. La razón principal por la que tuve que decirles a mis padres era más simple: con los años siempre nos hemos mantenido cerca, y no podía soportar la idea de que no lo estuviéramos más. Aun así, hablarles no sería cosa fácil.

Sabía que ellos no iban a poner el grito en el cielo ni renegarían de mí. Era posible que no les gustara lo que tendrían que escuchar, pero no les sorprendería. Como todos los demás y por bastante tiempo, habían observado mi gradual alejamiento de la ortodoxia; por eso, pensé que tampoco me condenarían a las llamas del infierno. Sus teologías no funcionan de esa manera, ni sus corazones. En cambio, lo que yo esperaba era un montón de manos retorciéndose sobre el futuro de mi familia y el mío y no de tristeza por ellos mismos. Después de todo, esta sería una historia bastante notoria en los círculos evangélicos, y un hecho vergonzoso, cuando se supiera que el hijo de Tony Campolo había perdido la fe.

No había nada que pudiéramos hacer sobre el golpe a la reputación de mi padre en la cristiandad, o sobre lo difícil de las conversaciones que seguramente deberían enfrentar una vez que familiares y amigos se enteraran, pero en los días previos a nuestro primer Día de Acción de Gracias como humanistas seculares, Marty y yo pensamos largo y tendido sobre cómo darles la noticia lo más positivamente posible. La clave, pensamos, era hablar lo menos posible sobre lo que ya no creíamos, y lo más posible sobre todos los valores y compromisos que aún teníamos en común con ellos.

Me referiría en detalle a esa primera conversación si pudiera, pero solo puedo recordar claramente a mi padre haciendo un montón de preguntas aclaratorias y, luego, sentado tranquilamente tomándose la cabeza con ambas manos. Y a mi mamá, tratando de parecer tranquila a pesar de su obvia consternación, y la sensación, después, tanto de Marty como mía, de que no parecían amarnos o respetarnos un poco menos que cuando empezamos la conversación. Probablemente recordaría más detalles si aquella hubiese sido la única conversación sobre el tema, pero como este libro lo demuestra claramente, fue solo la primera de muchas, y últimamente han empezado a confundirse en mi mente.

Sin embargo, hay un momento que se destaca entre mis recuerdos. Fue hacia el final del viaje que mi papá y yo hicimos a Inglaterra durante el cual hablamos prácticamente sin parar por una semana entera sobre nuestras cosmovisiones contrastantes. Un día, cuando pareció que yo me había llevado la mejor parte de la discusión, mi padre, en lugar de sentirse frustrado, pareció muy contento; porque me dijo: «Hoy estuviste genial, hijo. No estoy de acuerdo con todo lo que has dicho, pero realmente estoy empezando a entenderte un poco mejor».

Cómo fue que me quedé: La historia de un padre por mantener su fe

Por Tony Campolo

MIENTRAS LEO LA EXPERIENCIA de fe de Bart y luego, con gran dolor, la historia de su alejamiento de Jesús, me doy cuenta de lo elocuente y convincente que puede ser mi querido hijo. Para bien o para mal, mi historia carece de ese tipo de dramatismo y estilo. San Pablo, al escribir a los cristianos en la ciudad de Corinto, les dijo que carecía de «*excelencia de palabras*» (1 Corintios 2.1) y estaba desprovisto de «*palabras persuasivas de humana sabiduría*» (1 Corintios 2.4). A menudo yo siento lo mismo cuando escribo, así que oro a Dios para que ayude a mis lectores a ir más allá de mis limitaciones y sientan algo de la realidad de Jesús que yo siento en las profundidades de mi ser. Con este fin, he aquí un breve esbozo de cómo llegué a estar donde estoy como cristiano.

Crecí en el tipo de hogar donde Dios el Padre, el Espíritu Santo y, especialmente, Jesús de Nazaret eran tan reales como cualquier otro miembro de la familia. La familia de mi madre había sido rescatada de la pobreza por un estudiante del seminario bautista, y ella y mis dos hermanas mayores eran feligresas entusiastas que me pusieron a cantar himnos en nuestra radio cristiana local casi tan pronto como me habían quitado los pañales. Mi padre, un inmigrante italiano que hablaba muy poco inglés, trabajaba largas horas en la fábrica de RCA. Nunca tuvimos mucho dinero, pero yo siempre estaba bien vestido para la Escuela Dominical, y mi madre y mis hermanas estaban absolutamente convencidas de que Dios tenía grandes cosas reservadas para mí. Cada día que salía de la casa para la escuela, oía el mismo refrán: «¡Esfuérzate y sé valiente para Jesús, Antonio!». Cantábamos himnos juntos, orábamos juntos y juntos experimentábamos las alegrías del compañerismo cristiano. Francamente, no puedo recordar que alguna vez haya dejado de amar y confiar en el Dios al que mi familia me introdujo.

En el octavo grado, trabé amistad con un compañero de clase de nombre Burt, que compartía mis convicciones cristianas. Nos mantuvimos cerca durante nuestros años de secundaria. Fue Burt quien me presentó al *Bible Buzzards*, un grupo de jóvenes que se reunía todos los sábados por la noche para cantar himnos cristianos y estudiar la Biblia bajo la dirección de Tom Roop. Tom era un laico cristiano que parecía conocer la Biblia por dentro y por fuera, y su entusiasmo por el evangelio era totalmente contagioso. El impacto que tuvo sobre mí y sobre los otros adolescentes que seguían sus enseñanzas es imposible de exagerar. Todos nos convertimos en cristianos celosos, y organizamos nuestras vidas para aprender más acerca de Jesús y compartir su historia. Tom se identificaba por completo con cada uno de los cuarenta y tantos adolescentes que nos reuníamos cada semana, y nosotros lo veíamos como una especie de padre espiritual. Dada su pasión por la evangelización, no es de extrañar que muchos de nosotros nos convirtiéramos en misioneros y pastores.

Muchos años después, mi hijo Bart descubrió por sí mismo que en un buen grupo de jóvenes hay más que el estudio de la Biblia, y que la convicción cristiana no es solo una cuestión de corrección doctrinal. Incluso ahora, mientras puedo recitar muchos argumentos que me dan buenas razones para la esperanza que reside en mí (1 Pedro 3.15), mi fe en Cristo permanece basada en experiencias personales que comenzaron cuando yo era un *Bible Buzzard*. Todavía soy un buen apologista cristiano, pero al final del día, tengo que admitir que el fundamento primario de mi fe no es lo que sé, sino lo que siento. Como Blaise Pascal una vez observó: «El corazón tiene razones que la razón no conoce».

La Biblia dice en Romanos 8.16 que Dios, mediante su Espíritu, «*da testimonio a nuestro espíritu*» de que somos sus hijos, y en las profundidades de mi ser yo siento la presencia del Espíritu Santo de Dios haciendo precisamente eso. Por la gracia de Dios, he recibido el don de la fe. Es cierto que hay momentos en que esta seguridad espiritual interna disminuye, pero constantemente encuentro la liberación de mis dudas cuando clamo como aquel hombre desesperado que una vez le pidió a Jesús que sanara a su hijo: «¡*Sí creo!*... *¡Ayúdame en mi poca fe!*» (Marcos 9.24, NVI).

No puedo recordar cuándo tuve dudas en aceptar las doctrinas básicas de la fe cristiana, pero antes de conocer a Burt y Tom, aquellas doctrinas eran simplemente hechos históricos para mí, no experiencias de cambio de vida. Así que, aunque no puedo identificar exactamente lo que un viejo himno llama «la hora en que creí», sé que fue durante la secundaria que poco a poco me di cuenta de que mi alma estaba hambrienta de algo más que la salvación, y por el tiempo en que me matriculé en el Eastern Baptist College, la presencia interior de Jesús se había convertido para mí en una realidad cotidiana consciente.

Sentir la presencia de Jesús en mi vida debería de haber marcado en mí una gran diferencia, pero no fue así. Aunque pecaba menos en términos convencionales, no me convertí milagrosamente en una persona sin pecado y, en cierto modo, mi creciente «justicia» —que en muchos casos era netamente egoísta— me hizo peligroso para otras personas. Ahora, cuando miro hacia atrás a los años pasados, veo que muchas veces hice algo peor que dejar de vivir lo que la Biblia llama «*la gloria de Dios*» (Salmos 19.1). No fue simplemente que continuara violando esta o aquella ley establecida en las Escrituras; mis pecados hacían daño a la gente. De hecho, cuantos más años he ido acumulando, más pienso en ese día grande y glorioso en el que toda la verdad se revelará en el recuento de nuestras vidas, y más oro para que aquellas personas a las que he herido puedan mostrarme la misma clase de gracia que Jesús ya me ha mostrado.

Honestamente, no creo que pueda manejar la carga de mi culpa solo. Cuando canto el himno «Sublime gracia» retumba en mi espíritu la línea que dice: «Su gracia me enseñó a temer, mis dudas ahuyentó». Por lo general, en el silencio de la noche, el Espíritu Santo trae a mi conciencia las heridas que mis pecados han causado, y es en esos momentos que confieso estos pecados a Jesús y siento la seguridad amorosa de su gracia.

A veces me pregunto cómo la gente como Bart, que ya no cree en la gracia de Dios, maneja su culpa. Quizá, como Sigmund Freud sugirió, la reprimen enterrando los recuerdos de pecados pasados muy profundamente dentro de sí mismos. Pero Freud aclaró que tal recurso realmente no funciona a largo plazo, y que la culpa siempre emerge del subconsciente, a veces como fobias y a veces como comportamientos neuróticos. Una de las principales razones por las que me mantengo en la fe de Cristo es porque me encanta saber que mis pecados no solo son perdonados, sino que también son olvidados. Que son, como dicen las Escrituras, borrados, echados en lo más profundo del mar para no recordarlos nunca más.

Para mí, la paz del corazón y de mi alma cuando oro a Dios pidiendo perdón es absolutamente necesaria. Cuando confieso mis pecados, siento que el Jesús crucificado me alcanza a través del tiempo y del espacio para absorber en sí mismo esas realidades oscuras y feas que estropean mi sentido del bienestar. Los himnos que he cantado en iglesias mil veces a lo largo de los años han ayudado a crear esta conciencia de liberación más que todos los sermones que vinieron después de la alabanza.

Feliz yo me siento al saber que Jesús
Libróme de yugo opresor;
Quitó mi pecado, clavólo en la cruz:
Gloria demos al buen Salvador.

—«Alcancé salvación», Horatio G. Spafford (1873)

Importante como fue y continúa siendo para mí aquel mensaje esencial del evangelio, siempre estaré agradecido al Eastern Baptist College y Eastern Baptist Theological Seminary por ampliar mi fundamentalismo evangélico precoz hacia una comprensión más profunda de la fe cristiana que ha resistido, al menos para mí, la prueba del tiempo.

El lema de la escuela, que ahora se ha convertido en la Universidad de Eastern, es: «Todo el evangelio para todo el mundo»; y fue allí donde me di cuenta de que hasta entonces había estado proclamando solo la mitad de las buenas noticias acerca de Jesús. Clase tras clase, me enseñaron que Jesús vino al mundo no simplemente para transformar a un individuo a la vez en lo que la Biblia llama una «nueva creación», sino también para iniciar un movimiento global para cambiar este mundo, de lo que es en lo que Dios quiere que sea. Según mis profesores, este nuevo mundo —el reino de Dios— estaría marcado por la justicia y el bienestar de todas las personas. En resumen, en Eastern aprendí que recibir el evangelio no era solo aceptar a Jesús como «Salvador personal» para ir al cielo, sino que consistía más en comprometerse a derrotar a los principados y potestades de este mundo en nombre de los necesitados.

Por supuesto, no fue solo a través de mis clases que mi comprensión aumentó. También en Eastern conocí a Peggy, con quien me casé, y ella me enseñó —y continúa enseñándome— mucho sobre el lado práctico de seguir el ejemplo de Jesús. Al mismo tiempo, primero en la universidad y más tarde durante el seminario y la escuela de posgrado, empecé a servir a Jesús pastoreando una variedad de pequeñas iglesias en Nueva Jersey y Pensilvania. Fue en uno de esos pastorados, en la Upper Merion Baptist Church en King of Prussia, Pensilvania, que mi misión de vida se enfocó.

La Upper Merion Baptist se encuentra a menos de dos kilómetros de la recién construida sede nacional de la Baptist Churches USA, denominación que por entonces tenía dos millones de miembros y de la que Upper formaba parte, por lo que no fue sorprendente que un número de líderes denominacionales eligiera ser parte de nuestra iglesia. Afortunadamente para mí, uno de esos líderes fue el brillante y controversial Jitsuo Morikawa, director de evangelización del ABC, con quien rápidamente nos hicimos amigos. Como estudiante y como joven pastor, valoré mi amistad con el doctor Morikawa. Tanto, que cuando tuve que elegir un tema de tesis para obtener mi doctorado en la Universidad de Temple, escogí el tema «Un análisis sociológico de la estructura y función de la iglesia dentro de las iglesias bautistas estadounidenses», lo que me permitió estudiar las ideas de Morikawa sobre evangelismo. Según Morikawa, las iglesias necesitaban una importante redefinición de la misión y una importante reestructuración de sus programas para llevar a cabo su tarea evangelística. En el proceso de escribir mi disertación, leí todo lo que Morikawa tenía publicado, además de mantener múltiples conversaciones personales con él. Cuando terminé, mi teología y mi sentido personal de la misión se habían transformado.

Desde mis tiempos en el grupo de jóvenes *Bible Buzzards*, la evangelización había sido mi razón de ser. Dondequiera que iba, quería que todos aceptaran a Jesús, oraran la Oración del Creyente y fueran salvos. Mientras escribía mi disertación, sin embargo, se me hizo cada vez más claro que la evangelización era más que solo llevar a la gente a tener el tipo de fe en Cristo que les aseguraría la vida eterna. Con la ayuda de Morikawa, me di cuenta de que la verdadera evangelización también implicaba anunciar las buenas noticias de que Jesús estaba trabajando en su pueblo, cambiando el mundo de lo que es en lo que él llamó el reino de Dios. Empecé a ver, en todas partes en las Escrituras, que este reino de Dios no estaba simplemente en algún lugar del otro mundo donde los creyentes irían cuando murieran, sino que era una sociedad reconstruida aquí, en *este* mundo, marcada por el amor y la justicia.

Orar el Padrenuestro adquirió un nuevo significado cuando repetí las palabras: «*Venga tu reino, hágase tu voluntad en la tierra como en el cielo*» (Mateo 6.10, NVI). Estas palabras llegaron a significar para mí que su reino no era solo un «pastel en el cielo cuando muriera», sino que era un reino aquí-y-ahora por el cual yo estaba orando. Por supuesto, para que este reino se haga realidad, los individuos necesitaban ser «salvos» de sus naturalezas pecaminosas, y también de las instituciones sociales. Más y más, empecé a considerar cómo el sector político de la sociedad tendría que cambiar si iba a servir a la voluntad de Dios aquí en la tierra, y cómo tendrían que ser el sistema legal, el económico y el educacional para que reflejen la voluntad de Dios. Todo debería reestructurarse para que reflejara la voluntad de Dios. Por encima de todo, me di cuenta de que las injusticias sufridas por los pobres y los pueblos oprimidos del mundo tenían que ser desafiadas.

A medida que pasaba por esta metamorfosis espiritual, lo que leía en las Escrituras adquiría un poderoso nuevo significado. Me di cuenta de que las parábolas de Jesús eran sobre el reino de Dios y daban un profundo sentido a cómo el pueblo del reino (que se supone que los cristianos lo sean) deberían vivir y actuar para llegar a ser los agentes de cambio de Dios. Se produjo un nuevo amanecer en mi corazón y en mi mente al darme cuenta de que al convertirme en un cristiano me estaba uniendo a un movimiento revolucionario que podría transformar el mundo en la clase de sociedad que Dios quiere que sea.

Todos estos cambios en mi pensamiento se estaban dando durante la primera parte de la década de 1960, cuando la sociedad estadounidense estaba en crisis debido a los disturbios por los derechos civiles y el movimiento contra la guerra. No tardé mucho en sentir que Dios me estaba llamando a una más plena participación. Yo era realista acerca de la mentalidad conservadora en términos de política en la Upper Merion Baptist, pero también era realista en el sentido de que si me convertía en un activista en estos controversiales movimientos sociales me exponía a destruir la congregación de la cual era pastor; así es que, tan pronto como se me abrió la oportunidad de enseñar, tanto en la Universidad de Eastern como en la Universidad de Pensilvania, decidí dejar el pastorado.

El aula me cautivó desde el principio y rápidamente descubrí que la comunidad académica era el escenario perfecto para compartir mi nueva visión de «evangelización integral», que combinaba un énfasis tradicional en el discipulado personal con un compromiso profundo con la justicia social. Parecía que a dondequiera que me volviera, veía hombres y mujeres jóvenes con hambre de una forma de religión que canalizara sus energías espirituales en actividades prácticas que prometieran marcar una diferencia para el futuro del mundo. Las matrículas en mis clases —tanto en la Universidad secular de Pensilvania como en la altamente evangélica Universidad de Eastern— se hacían cada año más grandes. Los estudiantes querían escuchar mi nueva visión y luego unirse a mí en ponerla en práctica.

En la Eastern, organizamos equipos de estudiantes para visitar los proyectos habitacionales del gobierno de Filadelfia, con el fin de ayudar a los niños de esos sectores pobres en sus tareas después de clases. A eso se le añadió un programa de verano, y pronto tuvimos cientos de niños participando en lo que llamamos «campamentos callejeros», que incluían deportes, actividades para el enriquecimiento cultural e historias bíblicas. Pronto, se nos unieron estudiantes de otras universidades y nuestro programa rápidamente se extendió a otras ciudades, y eventualmente a Haití, República Dominicana y otros países.

En estos programas, siempre se hizo hincapié en guiar a los niños y adolescentes a poner su fe en Dios y, a lo largo de los años, miles fueron ganados para Cristo. Al mismo tiempo, la experiencia cambió profundamente la perspectiva de vida de los estudiantes universitarios que se involucraron. Hoy en día hay cientos de pastores, misioneros, médicos, trabajadores sociales y otros agentes de cambio que trazan sus llamamientos a los días del ministerio en los barrios pobres de Filadelfia.

Por supuesto, yo también fui cambiando. Cuanto más me involucraba como organizador, más sentía la presencia de Cristo entre los niños pobres y necesitados a los que mis estudiantes y yo estábamos ayudando. Poco a poco llegué a creer, cada vez con mayor intensidad, que a través de las Escrituras se proyecta una preferencia por los pobres. Y que las buenas nuevas de Jesús son y deben ser especialmente buenas para aquellos que están sufriendo bajo opresión. Para mí, la evangelización llegó a ser, simplemente, llevar a la gente a vivir su compromiso con Cristo a través de trabajar por la justicia, a la vez que se les hace entender lo que implica la salvación personal. Todo esto significa que los cristianos tienen que salir a la calle a servir a aquellas personas a las que Jesús llama *«mis hermanos más pequeños»* (Mateo 25.40), como si cada uno de ellos fuera el propio Señor Jesucristo. Pero incluso más allá de eso, implica creer verdaderamente que Aquel que ya está trabajando a través de sus seguidores un día volverá y traerá con él un glorioso final, cuando se cumpla que «*los reinos del mundo han venido a ser de nuestro Señor y de su Cristo; y él reinará por los siglos de los siglos*» (Apocalipsis 11.5).

Es esa última parte —mi confianza en la victoria final de Jesús sobre el pecado y la muerte— la que me continúa sosteniendo, especialmente en tiempos difíciles. Verás: no tengo idealismos utópicos para mantenerme en lo que soy. Tengo ahora ochenta y un años y, por lo tanto, soy ineludiblemente consciente de que el final de mi vida está muy cerca. Cada mañana, tan pronto como me despierto, doy gracias a Dios por otro día en el que pueda disfrutar de la vida en este mundo lleno de maravillas, pero sé muy bien que para miles de millones de personas en los cinco continentes, la vida no es tan dulce. Honestamente, si no creyera que hay amor y justicia esperando al otro lado de la muerte, especialmente para aquellos que están todavía sufriendo en esta vida, creo que me desesperaría. A medida que siento el fin de la vida acercándose a mí, me apoyo en la seguridad de que Jesús está conmigo; que me consuela cuando siento que sus palabras reverberan en mi mente: «*Yo soy la resurrección y la vida; el que cree en mí, aunque esté muerto, vivirá*» (Juan 11.25). Hay ocasiones cuando el maligno (y sí, creo en ese personaje satánico llamado diablo o Satanás) me persigue para tratar de convencerme de que mi creencia en el eterno reino de Dios es solo una ilusión, como sugiere la nueva cosmovisión de Bart. Pero en esos momentos digo el nombre de Jesús una y otra vez dentro de mí, y lo siento echando fuera mis miedos y dudas.

Para mí, ser cristiano es y ha sido siempre una oportunidad de ser parte del movimiento supremo de la historia. Todo el trabajo en varios ministerios, incluyendo la predicación, que consumió tanto de mi tiempo y energía a lo largo de los años, se ha llevado a cabo en el contexto de esta visión bíblica del reino de Dios, que incluso ahora se está desatando en el mundo. Los que quieran mofarse de mí pueden fácilmente decir que sueno como uno de los Blues Brothers, el dúo musical cómico que dijeron: «Estoy en una misión de Dios», pero es esta creencia que ha dado forma y sentido a mi vida. Seguir a Jesús me rescató, una vez y para siempre, de convertirme en uno de aquellos a quienes T. S. Eliot llama «los hombres huecos», para quienes el mundo no terminará con una gran explosión, sino con un gemido, porque no tienen esperanza. Y confiar en Jesús me libera continuamente del cinismo creciente que me rodea, lo cual concluye, en palabras de Shakespeare, que la vida «es un cuento contado por un idiota, lleno de ruido y de furia, que no tiene ningún sentido».

En un sentido real, mi vida de fe ha sido un diálogo continuo con Dios y con otros cristianos. Cuando con Dios en la mente me detengo a considerar lo que debo decir o hacer, ya sea solo o en compañía de otros creyentes, me doy cuenta de que el Espíritu Santo está vivo y bien dentro de mí. Este es uno de los significados de la oración. La oración para mí no es solo dar gracias antes de las comidas, o pedir orientación e intervención divina en determinadas instancias del día. Por encima de todo eso, creo que la oración es lo que sucede durante esos momentos cuando siento que Dios interactúa conmigo, tanto directamente como a través de otras personas, humanizándome intencionalmente para que sea cada vez más como Jesús.

Es difícil explicar lo que el Espíritu de Dios hace *por* mí y *para* mí al experimentar lo que de otro modo podrían ser vivencias y encuentros mundanos. De alguna manera, él crea dentro de mí una sensibilidad a las maravillas escondidas dentro de la gente ordinaria y de las cosas alrededor de mí que algunos fenomenólogos llamarían «atención plena». Él también me hace hipersensible a las bendiciones radiantes (no se me ocurre otra palabra) que están por todas partes alrededor de nosotros, literalmente esperando que las reconozcamos y disfrutemos. Y debido a su presencia interior soy realmente capaz de «aprovechar el día».

Para mí, la espiritualidad significa que las experiencias y las relaciones cotidianas pueden realzarse si me tomo tiempo para hacer un alto y reflexionar sobre ellas teniendo a Dios en mente. La presencia interior del Espíritu de Cristo me capacita para esto. Cuando me entrego a su Espíritu, percibo a veces una capacidad de eternizar momentos preciosos en tiempo y hacerlos parte de mi identidad existencial permanente. Cuando estoy espiritualmente «conectado» de esta manera, la transitoriedad de un momento en particular se interrumpe para que algo trascendente pueda venir a través de él y permanecer conmigo. Sinceramente, creo que si viviera en esta tierra por mil años, la realidad de esos momentos seguiría siendo una parte vital de mí.

No estoy diciendo que los no cristianos no puedan identificarse con lo que estoy describiendo, pero para mí, este tipo de conciencia puede ser entendido solamente como un don de Dios. Puede haber otras maneras de ser conscientes de la trascendencia en medio de lo ordinario, pero la única manera en que estoy seguro de ello es reconocer al Espíritu Santo dentro de mí. Mientras escucho a Bart hablar con elocuencia sobre las maravillas de la vida, me da la impresión que estuviera describiendo lo que el científico social Abraham Maslow llamó «experiencias máximas». Sin embargo, cuando se expresa de esta manera, a menudo me pregunto si realmente se está enfrentando a Dios. Podría ser que lo que Bart en realidad ha rechazado no sea a Dios, sino más bien la forma en que muchos de nosotros los cristianos hablamos acerca de Dios. Tal vez sea nuestro lenguaje demasiado teológico, entre otras cosas, lo que ha hecho que él y tantos otros se describan a sí mismos como espirituales, pero no religiosos.

En cualquier caso, esta breve exposición de mi desarrollo espiritual debería darte un conocimiento práctico de cómo llegué a ser el tipo de cristiano que soy hoy. Por supuesto, hay mucho más en mi historia; algo de lo cual saldrá en el diálogo que está más adelante. Lo que más importa ahora, creo, es entender que mientras mi fe cristiana tiene una base teológica fuerte y segura, su verdadero fundamento es mi larga y continua experiencia de la presencia permanente de Dios en mi vida.

Yo no elegí no creer en Dios; solo dejé de hacerlo: Perder la fe no es una opción

Por Bart Campolo

Como ministro humanista, mi consejo a los cristianos recién desconvertidos es siempre el mismo: cuando llegue el momento de dar la noticia a amigos y miembros de la familia, no les digan todo en lo que ya no creen y por qué. En su lugar, comiencen la conversación mencionando los valores más queridos que aprendieron en la iglesia, las enseñanzas de Jesús que más aprecian y los compromisos importantes para la justicia social y la construcción comunitaria que aún comparten con sus seres queridos. Entonces, y solo entonces, díganles por qué ya no creen como habían creído antes.

Es una forma más positiva, y a menudo crea el ambiente para una conversación más centrada en intereses comunes.

Sin embargo, tarde o temprano, los postcristianos enfrentaremos inevitablemente las mismas grandes preguntas de parte de aquellos que permanecen fieles: ¿qué pasó? ¿Qué salió mal? ¿Por qué el cristianismo ya no tiene sentido para ti? Una vez más, mi consejo es siempre el mismo: no hagan del asunto un caso teológico; cuenten su historia.

Por supuesto que al sugerir que cuenten su historia no estoy diciendo que tengan que exponer su autobiografía completa antes de que la otra persona sepa del cambio que han experimentado. Más bien, mi regla de oro en estas conversaciones es condensar el razonamiento en un puñado de afirmaciones sencillas y luego usar la menor cantidad posible de palabras para explicarlas. Mi punto principal es solo que esas pocas palabras deben ser tan personales como sea posible. En resumen, la manera más amable y segura de describir dónde estás, espiritualmente hablando, es simplemente explicar cómo llegaste allí.

En retrospectiva, me habría gustado haber tenido un capellán humanista que me hubiese dado estos consejos. Comenzando con mis padres esa noche del Día de Acción de Gracias en Cincinnati, y durante algún tiempo después, a menudo cometí el error de enumerar primero todos mis problemas con el cristianismo, lo que siempre ponía a mis interlocutores creyentes a la defensiva. En realidad, aunque no quería arruinar la fe de nadie, al comenzar atacando la veracidad de la Biblia, la moralidad de la cruz y el registro histórico de la iglesia era eso, precisamente, lo que conseguía. Con el tiempo, sin embargo, aprendí a ir al grano: por razones fuera de mi control, simplemente dejé de creer en Dios. El resto son solo detalles.

Habría sido diferente, por supuesto, si hubiese cambiado de protestante a católico o a griego ortodoxo, o dado el gran salto para ir a caer en el judaísmo o en el islam o incluso más lejos aún: al hinduismo, al mormonismo, a la iglesia de la cienciología o a alguna de las otras religiones sobrenaturales. En tales casos, los detalles de mi teología —y especialmente mi entendimiento de la autoridad escritural— habrían sido mucho más pertinentes. En mi caso, sin embargo, todo lo que realmente importa es que a lo largo de los años mi capacidad de creer en cualquier tipo de realidad sobrenatural fue desapareciendo gradualmente, hasta que llegué a convencerme de que el universo natural —materia, energía y tiempo— es todo lo que existe.

No es de sorprender que esta clase de naturalismo no surgiera espontáneamente en mí. Por el contrario, pasé la mayor parte de mi vida adulta luchando activamente contra la idea de que Dios es una invención humana, y no al revés. Prácticamente desde el momento en que me convertí en cristiano estaba lleno de dudas existenciales, la mayoría de las cuales no resolví, sino que las enterré para seguir adelante con mi vida. No era solo mi carrera que dependía de no enfrentar la cuestión de Dios. Mi identidad personal, mi imagen pública, mi matrimonio, mis relaciones familiares y mis amistades más cercanas estuvieron siempre alrededor de mí confiando y proclamando a Jesús como nuestro Señor y Salvador resucitado. Gracias a una intervención de último minuto de mi madre, cuando yo era un adolescente, no me tatué una gran cruz en la espalda, pero bien pudo haber ocurrido. Mi vida entera estaba inmersa en el evangelio. Realmente, no puedo imaginarme a alguien más motivado que yo para mantener la fe.

Aun así, no pude hacerlo. Por favor, detente un momento y lee de nuevo esa última oración, porque este punto es muy importante. No *elegí* no creer en Dios; solo dejé de creer. Abandonar la narrativa cristiana no fue una decisión alegre y deliberada, sino más bien el infausto final de una larga batalla contra todas las pruebas en contrario. Como tantos otros postcristianos, no elaboré mi propia desconversión a propósito; simplemente me ocurrió. Lenta pero seguramente, esa presencia benevolente que una vez me pareció absolutamente real la sentía más bien como un amigo imaginario. Nunca le di la espalda a Dios; él desapareció ante mis ojos.

No me malinterpretes, no estoy diciendo que mis problemas de larga data con la Biblia, con las doctrinas cristianas centrales del pecado original y la expiación sustitutiva y la accidentada historia de la iglesia, por no mencionar la larga letanía de tragedias imprevistas y oraciones sin respuesta, no tuvieron nada que ver con ello. No estoy diciendo que la evidencia científica abismal y los argumentos lógicos en favor del naturalismo por escritores seculares como Richard Dawkins y Sam Harris finalmente no me hayan influido. Todo lo que digo es que eso no fue lo que me sacó de mi base. Como mi padre y cualquier otro creyente verdadero, encontré maneras de manejar todos esos problemas, y más mientras daba por sentado que Dios era real.

Permítanme el siguiente ejemplo:

Mientras estaba en la universidad, me inscribí en un curso con el doctor James Barr, un erudito bíblico altamente distinguido de Oxford. Debido a que el doctor Barr había venido a Estados Unidos principalmente para hacer investigación, ese curso, «Alcance y autoridad de la Biblia», no fue anunciado con profusión. De hecho, además de mi buen amigo Jerry y yo, solo otros dos estudiantes se matricularon.

Dudo que haya sido la intención del doctor Barr desafiar frontalmente mi relación con Dios, pero tan pronto como empezamos a leer su ahora libro clásico *Fundamentalism* (Fundamentalismo), me sentí completamente bajo asedio. Sus conferencias semanales fueron aún más inquietantes. Hablando en su impecable acento escocés, nos llevó, con una energía casi violenta, a mis compañeros y a mí a través del Antiguo Testamento y del Nuevo, señalando como por casualidad una amplia gama de errores, contradicciones internas y pasajes moralmente repugnantes a la vez que nos invitaba a reconsiderar cómo y por qué estaban allí. Nunca había visto la Biblia de esa manera y cuando lo hice, los resultados fueron devastadores.

Curiosamente, la inconsistencia bíblica que hizo la mayor impresión en mí no tenía nada ver con la esclavitud, la misoginia y el genocidio que tanto me preocuparon más tarde. En cambio, lo que realmente se me metió debajo de la piel fueron las claras discrepancias entre las descripciones de la conversión de Pablo en Hechos 9 (donde todos oyen la voz de Jesús, pero solo Pablo ve la luz enceguecedora y cae al suelo), Hechos 22 (donde todos ven la luz, pero solo Pablo oye a Jesús y cae) y Hechos 26 (donde todos ven, escuchan y caen). ¿Cómo era posible, me preguntaba, que por cinco años de experiencia como cristiano en los que literalmente todo dependía de la impecabilidad absoluta de nuestra sagrada escritura, yo nunca hubiese notado una falla tan obvia e incontrovertible?

Había más defectos que los mencionados. Y el doctor Barr estaba muy feliz de compartirlos con nosotros. Muy pronto, yo me estaba cuestionando seriamente todo lo que me habían enseñado acerca de la Biblia. Mi amigo Jerry también estaba confundido. A menudo hablábamos hasta altas horas de la noche, buscando desesperadamente maneras de aferrarnos al fundamento bíblico sobre el cual se habían construido nuestras vidas. Sabíamos que el Dios con el que se encontró Pablo camino a Damasco era real, después de todo; ambos sentíamos la misma presencia abrumadora en nosotros.

Sospechando que detrás de todo ese rigor académico el doctor Barr era también un creyente, pensamos que él podría estar dispuesto a ayudarnos. Cuando fuimos a verlo, sin embargo, hábilmente ignoró nuestras preguntas y no nos ofreció ninguna guía espiritual a pesar de que Jerry y yo estábamos claramente confusos. Como nuestro profesor, nos dijo, no le correspondía a él proporcionar ayuda pastoral. De todos modos, cuando ya nos íbamos, el viejo nos arrojó un hueso. Con un centelleo en sus ojos, sugirió tranquilamente que podríamos disfrutar escribiendo nuestros trabajos finales sobre la aproximación a la autoridad bíblica del teólogo alemán Karl Barth.

Como cristiano, solía disfrutar explicando cómo Karl Barth había salido al rescate de mi fe mostrándome cómo creer firmemente en la inspiración divina de la Biblia sin pretender que no contenga algunos errores humanos. Lo que hace que la Biblia sea autoritativa, según Barth, no es su exactitud histórica o literaria, sino el hecho de que Dios la usa constantemente para mantener unido y guiar a su pueblo. Para Barth, la Biblia es solo una señal que apunta a la verdadera Palabra de Dios, que siempre fue y es Jesucristo. Es santa porque el mismo Dios ha decidido hablar a través de ella para comunicar dinámicamente su voluntad a su iglesia.

Entonces, yo acostumbraba describir el grato alivio que sentí cuando, sentado enfrente de Jerry en una mesa de una biblioteca, cubierta por volúmenes polvorientos, me encontré con la voluminosa obra de Barth, *Dogmática eclesial*. Allí sentí que, después de todo, podría mantenerme siendo cristiano. La feliz sorpresa que descubrí cuando llamé a casa para decirle a mi papá lo que había encontrado fue que él me dijo que me había puesto de nombre Bart, como una referencia abreviada al nombre Barth. Y lo había hecho porque los escritos de Barth lo habían hecho retener también su fe cuando estuvo en el seminario.

Hoy día, sin embargo, tengo sentimientos encontrados acerca de los profesores Barr y Barth, porque juntos ayudaron a mantener mi condición de cristiano evangélico mucho más tiempo del que me hubiera tomado dejar de serlo de otra manera. El lado positivo de su capacitación teológica fueron todas las maravillosas relaciones y experiencias que disfruté como creyente. El lado negativo de su aporte teológico fue que continué construyendo mi vida y, finalmente, mi carrera, sobre una base bíblica cuyas primeras grietas realmente no fueron reparadas del todo, sino solo emparchadas.

¿Por qué no reconocí la muy complicada gimnasia teológica que Barth estaba haciendo para proteger la Biblia de sus propios errores? ¿Por qué no vi inmediatamente que todo lo que realmente me había dado era una manera inteligente de solucionar todo, desde las referencias a la tierra plana y las contradicciones internas hasta las claras concesiones escriturales para la esclavitud, la misoginia, el genocidio, la homofobia y el antisemitismo? ¿Por qué estuve tan dispuesto a unirme al «tío Karl» disociando esas cosas de la vida y enseñanzas de Jesús que ambos considerábamos el corazón del evangelio? Realmente, la respuesta es simple: porque estaba absolutamente convencido de que el Dios detrás de ese evangelio no solo era real, sino plenamente operativo en mi propia vida.

Armado con esa convicción, podría excusar a Dios de lo que fuera. Comenzando con la violación de mi amiga Shonda en Camden y siguiendo a través de un largo camino hasta el devastador terremoto de Haití en 2010, liberé a Dios de toda responsabilidad al recordarme que para hacernos capaces de amar, Dios tuvo que darnos libre albedrío, y que todo el sufrimiento humano fluye —directa o indirectamente— de nuestro abuso de esa libertad. De igual manera, cuando incluso mis oraciones más obviamente legítimas por la sanidad de un niño de cáncer, por ejemplo, o la liberación de una mujer abusada quedaron sin respuesta, siempre me imaginaba que debía haber una buena razón para que Dios rara vez se manifestara. Mientras creía en las fuerzas sobrenaturales, Dios no solo era real, sino que también estaba fuera de toda culpa.

Si algo de esto parece sarcástico o arrogante, no es mi intención. La verdad es que recuerdo la certeza de mis primeros tiempos como cristiano con gran cariño, y todavía me siento atraído por la idea de un Dios bueno y amoroso que entiende todo lo que nosotros no entendemos, que nos habla a través de la Biblia, que nunca deja de hacer lo correcto y que es vencedor sobre el pecado y la muerte. Honestamente, incluso ahora, si hubiera una pildorita mágica que pudiera de verdad hacerme creer todo de nuevo, de una vez y para siempre, estaría feliz tragándomela de un envión, y no solo porque así haría feliz a mi familia.

Para bien o para mal, sin embargo, ninguno de nosotros realmente elige lo que cree. No importa cuán motivados podamos estar, nuestro sentido de lo que es real está más allá de nuestro control. Piénsenlo, amigos cristianos: si te pusieran una pistola en la cabeza, y estuvieras absolutamente convencido que a menos que te hagas islamista te descerrajarían un tiro, junto con tus amigos y familiares y diez mil huérfanos que aún no han hecho de Jesús su Señor y Salvador personal, ¿podrías hacerlo? ¿Crees que podrías aprobar una prueba de polígrafo afirmando que crees que Mahoma realmente dividió la luna en dos y se fue al cielo montado en un caballo alado? ¿Podrías incluso creer, como la mayoría de la gente alguna vez creyó, que la Tierra es el centro del universo, y que todas las estrellas giran alrededor de nosotros? No. No podrías. Ya tomaste una decisión sobre estas cosas y, humildemente te digo, no enteramente por ti.

No digo que no te puedas convencer de algo nuevo o diferente, ya sea por evidencia, argumento o propia experiencia. Lo que estoy diciendo es que, por más que quieras, tú no decides lo que piensas. Todas esas cosas convincentes te persuaden o no lo hacen, sea que vengan de tus padres, de tu pastor o de un grupo de científicos. Todo lo que llegas a decidir es lo que haces con lo que te parece verdad.

Desde que mi desconversión se hizo conocida, creyentes sinceros de todo el mundo me han escrito, llamado y visitado, implorándome amorosamente que reconsidere mi decisión. A veces me advierten de los fuegos eternos del infierno, o lamentan que mi entusiasmo por lo secular pudiera estar llevando a otros por el mismo camino. Pero más a menudo me piden que busque a Dios mediante ayuno y oración, o me envían largas listas de versículos y libros bíblicos sobre apologética cristiana, tal vez olvidando que pasé la mayor parte de mi vida como misionero cristiano urbano. Aunque aprecio y agradezco su preocupación, a menudo me pregunto por qué me hacen responsable de mi evidentemente sincera falta de fe. Después de todo, si el cristianismo es verdad y realmente hay un Dios en el cielo, es a él a quien hay que echarle la culpa. Como el apóstol Pablo lo dice a los creyentes en Éfeso:

Porque por gracia sois salvos por medio de la fe; y esto no de vosotros, pues es don de Dios; no por obras, para que nadie se gloríe (Efesios 2.8, 9).

Es cierto. Según Pablo, ninguno de nosotros trabaja para obtener la salvación, o incluso la fe sobrenatural requerida para recibirla. Esa fe es don de Dios, simple y llanamente; lo cual significa, obviamente, que si hay alguien a quien deben implorar —mis queridos amigos cristianos que siguen preocupados por mí y especialmente mis padres aún creyentes— es a Dios, no a mí.

En mis muchas conversaciones con cristianos preocupados, he sido muy claro sobre este punto: estaría feliz de volver al redil, como un moderno hijo pródigo, y seguir a Jesús y cantar de su amor para siempre, si solo pudiera creer otra vez en la realidad de Dios. Tengo una idea, o dos, sobre la clase de evidencia que me podría convencer, pero honestamente, estoy abierto a lo que sea que el Espíritu Santo quiera usar. Mientras tanto, sin embargo, como todos nosotros, mi fe está fuera de mis manos. Todo lo que puedo hacer ahora es responder de forma auténtica a lo que me parece la verdad más importante en el universo: debido a que no hay fuerzas sobrenaturales, esta vida es la única que tenemos.

Se cosecha lo que se siembra: Cómo veo la desconversión de Bart

Por Tony Campolo

Cada vez que leo o escucho a Bart testificar sobre su pérdida de fe, mi primera reacción es culparme a mí mismo. Sé que eso no tiene sentido, sobre todo porque Bart era un hombre de familia de mediana edad cuando se desconvirtió, pero todavía no lo puedo evitar. A lo largo de mis años de ministerio, he hablado con innumerables padres cristianos cuyos hijos adultos han rechazado el cristianismo de una manera u otra, y la mayoría de ellos han sentido lo mismo que yo. Como te puedes imaginar, era mucho más fácil para mí consolar y alentar a esas personas cuando mi propio hijo querido se mantenía siguiendo mis huellas como un conocido líder cristiano. Ahora que Bart es un humanista de alto perfil, debo recordar constantemente que su desconversión es principalmente el resultado de sus propias decisiones, no de las mías.

Por supuesto, como lo expresa tan elocuentemente en su último capítulo, él no lo ve así. De hecho, como tantos humanistas seculares, atribuye su desconversión al fracaso de Dios para «presentarse» y hacerse conocer. No debe sorprender, entonces, que como creyente y científico social yo no esté de acuerdo. Permítanme explicarme.

Cuando ejercía como profesor universitario, regularmente enseñaba un curso llamado «Sociología de la religión», que siempre incluyó los convincentes casos de Peter Berger y Thomas Luckmann de que lo que los individuos creen y no creen está altamente supeditado a lo que consideran razonable los individuos, grupos e instituciones más importantes para ellos. Según Berger y Luckmann en su libro, *The Social Construction of Reality* [La construcción social de la realidad, 1967], este fenómeno no solo se aplica a la socialización de los niños, sino también, y especialmente, a los adultos cuyas convicciones religiosas difieren fuertemente de las sociedades que los rodean. De hecho, Berger y Luckmann sostienen que la única manera de que un individuo mantenga creencias contrarias a la cultura dominante es ser parte de un tejido muy unido, un grupo de apoyo contracultural al que llaman una «estructura de plausibilidad» donde los miembros se reúnen regularmente para reforzar y revitalizar las creencias mutuas y deconstruir todas las influencias contrarias. Dentro de ese grupo, señalan, incluso las convicciones que podrían parecer absurdas para los miembros de la sociedad dominante son completamente plausibles y, en muchos casos, virtualmente autoevidentes.

Cualquier creyente que haya pasado una semana en un campamento de iglesia ya sabe cómo funciona una estructura plausible. Esos retiros ilustran perfectamente lo fácil que es crear una poderosa realidad social alternativa diametralmente opuesta a la cultura dominante. Recuerdo vívidamente cuando dejamos la ciudad y llegamos a un hermoso campamento en el bosque, donde algunos miembros de mi iglesia y yo fuimos recibidos por atractivos y entusiastas consejeros que inmediatamente nos hicieron sentir «como en casa». Nos recordaron que no estaba permitido el uso de radios y televisores portátiles. Hoy serían computadores portátiles y teléfonos celulares. En otras palabras, quedaba suspendido todo contacto con el mundo exterior.

Durante el resto de la semana disfrutamos de una intensa interacción con otros jóvenes de orígenes muy similares al nuestro. Comíamos y dormíamos juntos, caminábamos y jugábamos juntos, y estudiábamos la Biblia y orábamos juntos. Todas las noches nuestros consejeros nos daban charlas sobre la necesidad de alejarse de los placeres mundanales, para el mayor gozo del discipulado. La noche de clausura del campamento, siempre había una reunión en torno a una fogata. Allí cantábamos siete u ocho estrofas de «Kumbayá», y uno de los líderes haría un llamado para que nos comprometiéramos, o reafirmáramos nuestro compromiso, con Cristo. En ese momento, la mayoría de nosotros estábamos tan atrapados en esa mentalidad superespiritual que no dudábamos en hacerlo, sabiendo que nuestros compañeros nos apoyarían cuando pasáramos adelante a dedicar (o rededicar) nuestras vidas a Jesús para siempre.

Muchas de esas decisiones de juventud tienen efectos a lo largo de toda la vida. Cuando hablamos de un servicio cristiano a tiempo completo, a menudo escucho decir: «Tomé mi decisión de seguir a Jesús en el campamento». Por supuesto que, para que duren, tales compromisos deben repetirse y reforzarse una y otra vez, especialmente en el contexto de una cultura dominante extremadamente secularizada. Los ministros describimos ese proceso como un seguimiento y un discipulado, pero Berger y Luckmann dirían simplemente que estamos proveyendo a los creyentes vulnerables de una estructura plausible donde creer en Dios, confiar en Jesús como Señor y Salvador y recibir consuelo y dirección del Espíritu Santo se debe entender como algo correcto y completamente razonable.

No es sorprendente que cuando describo este tipo de cosas a mis amigos ateos y agnósticos, generalmente sonríen y dicen: «¿Lo ves? Tu sistema de creencias religiosas no es más que una realidad construida socialmente», como si eso solo desestimara su validez. Lo que no reconocen, sin embargo, es que su sistema secular de creencias también se ha construido socialmente. Para bien o para mal, lo que los seres humanos somos capaces de creer sobre todo lo importante —y especialmente sobre la realidad de Dios— está ampliamente determinado por los individuos, grupos e instituciones más importantes que nos rodean.

En este punto quiero ser cuidadoso de no atribuir a las estructuras de plausibilidad el poder absoluto para determinar lo que un individuo cree o no cree. De hecho, las estructuras de plausibilidad proporcionan solo las condiciones en las que un sistema de creencias particular se vuelve, y sigue siendo, viable. Desafortunadamente, la sociedad secular en la que vivimos no crea una estructura de plausibilidad para el evangelio de Jesucristo. Eso no significa que el evangelio no sea verdad, sino solo que es difícil —si no imposible— aferrarse a esa verdad sin interactuar regularmente con amigos y seres queridos fiables que lo reconozcan y confirmen.

Después de todo, el cristianismo confirma una amplia gama de realidades sobrenaturales que podrían parecer completamente irrazonables para cualquiera cuya comprensión de la verdad se limite a lo que se puede demostrar y comprender empíricamente en términos puramente racionales. Por ejemplo, creo que el mismo Dios que creó el universo fue concebido más tarde por el Espíritu Santo, nacido de una virgen como Jesús de Nazaret, y crucificado hasta la muerte para expiar los pecados de la humanidad. Creo además que descendió al infierno, al tercer día resucitó de entre los muertos y luego ascendió al cielo, y un día volverá a deshacer todo mal en el mundo, para que todos sus hijos puedan vivir con él para siempre.

Sé que para un secularista tales creencias pueden parecer ridículas, pero en el contexto de mi comunidad cristiana, son justo lo opuesto. No es que no reconozcamos que el evangelio no se alinea con la ciencia moderna. Por el contrario, desde el principio hemos celebrado ese hecho. Eruditos bíblicos han descubierto recientemente registros que indican que los miembros de la iglesia del primer siglo se reunían cada mañana para renovación espiritual, con el fin de resistir ser conformados a la cultura helénicorromana dominante, y a mí eso no me sorprende. Como Pablo escribió a los cristianos en Corinto,

> *Porque la palabra de la cruz es locura a los que se pierden; pero a los que se salvan, esto es, a nosotros, es poder de Dios. Pues está escrito: Destruiré la sabiduría de los sabios, y desecharé el entendimiento de los entendidos. ¿Dónde está el sabio? ¿Dónde está el escriba? ¿Dónde está el disputador de este siglo? ¿No ha enloquecido Dios la sabiduría del mundo?...*
>
> *Porque lo insensato de Dios es más sabio que los hombres, y lo débil de Dios es más fuerte que los hombres. Pues mirad, hermanos, vuestra vocación, que no sois muchos sabios según la carne, ni muchos poderosos, ni muchos nobles;...*
>
> *Mas por él estáis vosotros en Cristo Jesús, el cual nos ha sido hecho por Dios sabiduría, justificación, santificación y redención; para que, como está escrito: El que se gloría, gloríese en el Señor* (1 Corintios 1.18-20, 25, 26, 30, 31).

Claramente, Pablo está diciendo que el evangelio ha sido establecido como algo imposible de entender en términos puramente racionales *a propósito*, de modo que nadie pueda confundir su salvación con cualquier otra cosa que no sea un don milagroso. En otras palabras, no se supone que el evangelio sea completamente lógico o empíricamente demostrable. Por eso es que nosotros, los cristianos, tenemos que seguir recordándonos unos a otros una y otra vez cómo obra el evangelio, y cómo lo hace en nuestras propias vidas. Por eso es también que Dios ha establecido para nosotros la más alta estructura plausible, que es conocida como la iglesia de Jesucristo.

No tengo ninguna duda de que, por muchos años, Bart fue un cristiano comprometido, en gran medida porque se mantuvo profundamente involucrado en grupos de compañerismo que se combinaban para proveer una estructura de plausibilidad que contradecía en forma consistente la «sabiduría» de nuestra cultura estadounidense dominante. Desde el principio, todos esos grupos de jóvenes, proyectos misioneros y estudios bíblicos, y la íntima amistad que surgió entre ellos, fue lo que capacitó a Bart para sustentar fuertemente una serie de creencias que aun nuestras propias Escrituras reconocen como «locura» por parte de aquellos que viven fuera de la comunidad de fe, en lo que los secularistas llaman «el mundo real». En medio de esas relaciones y actividades espirituales intensas, él experimentaba con alguna regularidad la presencia de Dios en una forma visceral, y cada vez que tal cosa ocurría la verdad general de la narrativa cristiana era de nuevo confirmada. Más tarde, cuando Bart se convirtió en un ministro cristiano de tiempo completo, continuó rodeado de gente e instituciones que lo ayudaron a identificarse con más fuerza con el evangelio.

Su experiencia en la universidad, cuando estuvo a punto de perder su fe, es un buen ejemplo de lo que digo. Recuerdo muy bien las luchas que tuvo con James Barr y su crítica textual y la felicidad que todos sentimos cuando encontró su camino con la ayuda de uno de mis propios héroes teológicos, Karl Barth. Lo que también recuerdo, sin embargo, es que el compañero de estudio de Bart era también un cristiano profundamente comprometido, con quien a menudo oraba, junto con la novia de Bart y el líder de jóvenes con quien entrenó al equipo de baloncesto de muchachos de su iglesia. Sin esa estrecha amistad, quizá no habría estado tan dispuesto a resolver sus problemas con la Biblia. Como lo hizo, porque aún estaba seguro de la presencia de Dios, se mantuvo buscando hasta que encontró respuestas auténticamente cristianas a sus preguntas.

Durante muchos años, mientras observaba a Bart luchar con los mismos grandes temas que han preocupado a creyentes reflexivos desde el albor de los tiempos, no estaba preocupado de que mi amado hijo en última instancia perdiera su fe. Sabía que la teología de Bart continuaría cambiando con el correr del tiempo, y entendí que algunos de esos cambios podrían tomar una dirección diferente a la mía, pero eso tampoco me preocupaba. Después de todo, yo mismo había tenido que luchar con esos asuntos, y aunque estoy más que seguro sobre algunos de los fundamentos, mi propia teología está aún en progreso. Cuando diariamente leo mi Biblia y pido al Espíritu Santo que me guíe, encuentro que seguir a Jesús sigue exigiéndome que cambie mi mente. Como dice una de mis pegatinas favoritas para el parachoques de los autos: «¡Tenme paciencia, Dios todavía no ha terminado conmigo!».

Cuando Bart y su familia dejaron gradualmente de participar en una congregación local de forma regular, me sentí profundamente preocupado. Por supuesto que entendí sus excusas. Por ese tiempo, él estaba viajando por todo el país, hablando en conferencias y en campus universitarios para recaudar dinero y reclutar voluntarios para su ministerio en las barriadas de las ciudades. Además de estar tan ocupado, por una variedad de razones, Bart y su esposa tuvieron dificultades para encontrar una iglesia que fuera una buena opción. Aun así, Peggy y yo los animamos desesperadamente a que siguieran intentándolo, especialmente después de la llegada de sus hijos. No obstante, para cuando se trasladaron a Cincinnati para servir a los pobres más directamente, los Campolo jóvenes ya no tenían iglesia.

En Cincinnati, Bart y su esposa, Marty, vivieron la clase de estilo de vida sacrificial a la que creo que Jesús nos llama a todos. Absteniéndose de un cómodo vecindario de clase media, escogieron un empobrecido barrio donde ellos y sus amigos socorrieron a algunas de las personas más oprimidas de Estados Unidos. Uno tras otro, invitaban a jóvenes con problemas a vivir con su familia y pasaban innumerables horas buscando casas para familias necesitadas. Semanalmente, ofrecían comida a decenas de sus vecinos en un ambiente familiar. A pesar de hacer tan buenas obras en el nombre de Jesús, y a pesar de continuar predicando por todo el país, mi hijo y su familia se desconectaron aún más de la vida de la iglesia. Seguían teniendo buenos amigos cristianos, pero no participaban en ninguna comunidad de fe de forma regular.

Para empeorar las cosas, muchos de los que recibían las atenciones que les daban Bart y Marty vivían un estilo de vida autodestructivo marcado por persistir en la violencia, en el abuso de drogas y el alcohol, con relaciones familiares disfuncionales y dependiendo de las dádivas del gobierno. Pronto, Bart comenzó a afirmar abiertamente que algunas personas son incapaces de ser salvas o transformadas de alguna manera significativa. Cuando esto llegó a mi conocimiento, me alarmé aún más.

Nikolay Berdyayev, el filósofo existencialista ruso, afirma que cuando alguien deja de creer en la capacidad de otras personas para crecer y cambiar y participar en actividades nobles y que merecen la pena, termina perdiendo también la fe en Dios. Basándose en las novelas épicas de Fiódor Dostoyevski, Berdyayev explica que perder de vista la presencia divina, incluso en la persona más humilde, es el comienzo del ateísmo. Según Berdyayev, lo contrario también es cierto: perder la fe en Dios es perder la fe en la gente. Por eso es que el Gran Mandamiento une tan estrechamente amar a Dios con amar a nuestro prójimo; Jesús bien sabe que no podemos hacer lo uno sin lo otro. Como el apóstol Juan dice: «*Si alguien afirma: "Yo amo a Dios", pero odia a su hermano, es un mentiroso; pues el que no ama a su hermano, a quien ha visto, no puede amar a Dios, a quien no ha visto*» (1 Juan 4.20, NVI).

Después de llegar a los hombres y mujeres aparentemente sin esperanza en su vecindario, y no ver casi ningún resultado positivo por su trabajo de amor, Bart renunció a salvarlos y decidió, en cambio, que su misión sería simplemente consolarlos en su aflicción. Cuando mi hijo ya no creyó que literalmente todos y cada uno tienen posibilidades de un cambio radical, las semillas de la duda en su mente produjeron un agnosticismo completo.

Es fácil para mí sentarme en mi cómoda casa y emitir esta clase de juicio. Nunca he vivido y trabajado en las trincheras del ministerio urbano, ni he tenido que soportar las decepciones ministeriales que Bart experimentó año tras año. A veces me pregunto si mi fe habría resistido tanto como la de mi hijo si yo hubiese estado en su lugar. De todas maneras, aun desde mi posición segura y ventajosa, sigo creyendo en los milagros.

Más importante aún, he visto por mí mismo las transformaciones personales tremendas a través de ministerios como Teen Challenge, un ministerio pentecostal de rehabilitación de drogas que se extiende a las llamadas personas desechables en ciudades alrededor el mundo. Por supuesto, en contraste con las últimas versiones de la misión de Bart, estas personas dependen de lo que ellos llaman «la llenura del Espíritu Santo» y prácticamente nunca dejan de orar, ayunar, cantar himnos y predicar el evangelio de Jesucristo.

Otra señal de advertencia de que la fe de Bart estaba en problemas era su creciente tendencia a evitar llamar a aquellos a los que había predicado y llevado a una relación personal con Cristo. Hizo un excelente trabajo invitando a jóvenes de ambos sexos a que se comprometieran en servir a los pobres y oprimidos, pero la idea de invitar al Espíritu Santo a que invadiera sus corazones y mentes parecía más y más distante de sus mensajes.

Mientras que la mayoría de nosotros asumimos que lo que creemos y pensamos determina lo que decimos y hacemos, los predicadores rápidamente aprendemos que lo contrario es igualmente cierto. En efecto, lo que declaro desde el púlpito siempre ha tenido un enorme impacto en mi cosmovisión. Los sociólogos llaman «praxis» a esta relación dialéctica entre nuestras palabras y nuestras acciones que, en materia de fe, es una fuerza poderosa. En mi propia vida, a menudo encuentro que ningún oyente está más convencido o cambiado por lo que digo en mi predicación que yo mismo.

De hecho, cuando se me preguntó por qué estoy tan comprometido a servir a la gente pobre y oprimida, la verdadera respuesta es: «Porque de eso es de lo que siempre estoy hablando». Parafraseando el famoso dicho de René Descartes, «predico, luego existo». Entonces, cuando Bart dejó de enfatizar que solo la muerte y resurrección de Jesús nos salva de nuestros pecados, sabía que era cuestión de tiempo para que esa misma idea saliera de su corazón y de su mente.

Aunque no soy nihilista, tiendo a estar de acuerdo con Jean-Paul Sartre y Friedrich Nietzsche cuando se trata del libre albedrío. En mi opinión, quién y qué llegamos a ser es, en última instancia, el resultado de una larga serie de decisiones que tomamos por nosotros mismos. Creo que soy cristiano no solo porque Dios ha escogido amarme y salvarme, sino también porque he elegido libremente confiar en su Palabra y hacer su voluntad. En oposición a los científicos sociales seculares que sostienen que los seres humanos somos biológica y socialmente determinados en todos los sentidos, yo afirmo nuestra dignidad como quienes libremente hacemos las más importantes decisiones que determinan nuestra naturaleza y destino.

En el caso de Bart, esas importantes decisiones incluían gradualmente distanciarse del intenso compañerismo cristiano que, en primer lugar, hizo posible su fe en Dios, abandonando los tipos de transformaciones personales que mejor demuestran el poder del Espíritu Santo, y dejar de proclamar abiertamente el evangelio de Jesucristo. Aunque me siento muy agradecido de que no haya sido presa de otras tentaciones que podrían haber destruido su familia o socavado su carácter, sigo haciéndolo responsable por haber dado un paso fatídico tras otro alejándose de Dios. Hacer lo contrario habría sido irrespetar su independencia como adulto o negar su dignidad como ser humano.

¡Oh!, mi esposa y yo todavía nos preguntamos dónde fue que nos equivocamos y nos culpamos por haber dicho demasiado o muy poco sobre ciertos puntos a lo largo del camino. Quizá yo habría sido un mejor ejemplo quedándome en casa y dedicándome a servir a los pobres, en vez de andar por el mundo hablando de ellos, mientras Peggy se pregunta cómo habrían sido las cosas si ella hubiese confiado en Jesús cuando nuestros hijos estaban creciendo. Al final, sin embargo, no dejamos de recordar que Bart conoció y amó a Dios por más de treinta años, y que hicimos todo lo posible para fomentar esa relación. Y seguimos orando, por supuesto, en favor de nuestro hijo pródigo.

Irónicamente, es el propio Bart quien nos ha enseñado a orar por él. Secular como es en estos días, su exégesis de Efesios 2 sigue siendo correcta. Aunque coincidimos en este punto, nuestra capacidad de creer —y nuestra capacidad de volver a creer— es siempre un don de Dios. Por lo tanto, en lugar de orar por Bart para que Dios suavice su corazón o cambie su mente o vuelva a abrir la Biblia o regrese a la iglesia, oro para que el Espíritu Santo de alguna manera lo confronte dramáticamente de la manera que confrontó a Saulo en el camino a Damasco, restaurando su capacidad de ver más allá de la sabiduría de los sabios y ver que la locura de Dios es siempre mucho más sabia que la sabiduría de los hombres.

La vida en el otro lado: La feliz realidad del humanismo secular

Por Bart Campolo

Durante los primeros años después de que perdí mi fe, trabajé entre bambalinas en una pequeña organización internacional sin fines de lucro, educando a los estadounidenses sobre el conflicto palestino-israelí. No expuse mi emergente humanismo secular, pero estuve lo suficientemente abierto acerca de mi transición como para atraer a muchos otros post-cristianos. Mientras algunos se regocijaban por su nueva libertad, otros confesaban sentirse perdidos y solitarios fuera de los amistosos confines de su antigua ortodoxia. Cuando les pregunté qué era lo que más echaban de menos, nadie mencionó los Diez Mandamientos, la Gran Comisión, o la noción de que Jesús murió por su pecados, y mucho menos argumentar sobre la igualdad del matrimonio o preocuparse de que sus seres queridos incrédulos pudieran estar condenados al infierno.

Me dijeron que lo que realmente echaban de menos era todo lo demás: la música, los cánticos e himnos y las comidas en que participaba toda la congregación; reunirse con los mismos amigos cada semana para inspirarse y apoyarse unos a otros para vivir mejores vidas cristianas; criar a sus hijos con otras familias con las que compartían sus valores; poder encontrar más personas de ideas afines casi en cualquier lugar al que miraran. En otras palabras, echaban de menos la iglesia.

A veces, si las personas con las que hablaba conocían mis antecedentes, me ponían en un aprieto. «Eres un ministro», me decían. «Sabes manejarte en ese terreno. ¿Por qué no organizas una iglesia para personas como nosotros, que queremos ser buenos pero que no creemos en Dios?».

Todo el mundo sabe que hay montones de ateos que se burlan abiertamente de la iglesia y proclaman a viva voz que la religión organizada lo envenena todo, pero yo nunca seré uno de ellos. En primer lugar, tengo mucho amor y gratitud por tantos creyentes que han influido positivamente en mi vida como para faltarles el respeto a sus comunidades y tradiciones. Segundo, y lo que es más importante, no siento desprecio por ellos. Por el contrario, creo que el cristianismo ha sido una de las mayores fuerzas para el desarrollo comunitario en la historia. No voy a tirar a la basura a la iglesia. Quiero aprender de ella. No quiero eliminar la religión organizada. Quiero ayudar a desarrollar una versión nueva y mejorada de ella misma sin la narrativa sobrenatural, para las personas que genuinamente quieran ser buenas sin Dios.

No por casualidad, *Good Without God* [Bueno sin Dios] es el título de uno de los libros más alentadores que leí inmediatamente después de que me recuperé de mi accidente de bicicleta. Escrito por Greg Epstein, el capellán humanista de la Universidad de Harvard, el libro no solo me introdujo a la lógica y al lenguaje del humanismo secular, sino que también me abrió la excitante posibilidad de que pudiera tener una segunda oportunidad de ser un ministro vocacional. Los encuentros pastorales con jóvenes que Greg describe eran casi idénticos a aquellos que teníamos cuando pertenecía a Mission Year, excepto por el hecho de que giraban alrededor de dos narrativas diferentes y que ofrecían dos argumentos muy diferentes para vivir una vida de amor. Al leer sobre esos encuentros, me di cuenta de que todo lo que había aprendido acerca de guiar a la gente en esa dirección, tanto individualmente como siendo parte de un movimiento, podría ser igualmente útil en el otro lado de la fe. De hecho, apenas había terminado de leer la última página del libro, localicé el número de Greg y le telefoneé preguntándole si podía ir a ver el buen trabajo que estaba haciendo.

No estoy seguro de lo que esperaba encontrar en Boston, pero lo que me sorprendió fue ver que no había diferencia entre la capellanía humanista de Greg y los innumerables ministerios universitarios cristianos que yo había visitado a través de los años. Más bien observé una increíble similitud. Los estudiantes que conocí eran afectuosos, amables, entusiastas. Los miembros del personal eran brillantes y articulados. La programación era una mezcla familiar de conferencias y reuniones inspiracionales, grupos pequeños para estudio, actividades de extensión, eventos sociales y proyectos de servicio. No era grande ni sofisticada, pero me hacía sentir como en casa.

Lo que no encontré, por supuesto, fue alguna conversación sobre Dios o la fe. En cambio, las conversaciones que escuché iban desde ciencia cognitiva, vegetarianismo y conferencias TED a políticas raciales, una próxima marcha de solidaridad con la comunidad LGBTQ y manifestarte secular a tu familia. Con todo, la atmósfera global en el *Harvard's Humanist Hub* (Centro Humanista de Harvard) se sentía exactamente como cualquier buen grupo de jóvenes que había conocido. ¿Y Greg Epstein? Bueno, Greg era y es muy parecido a mí. Ambos somos calvos, a los dos nos encanta hablar, y ambos somos constructores de comunidades por naturaleza. Al ver su trabajo, vi mi futuro.

En el verano de 2014, a sugerencia de Greg, me reuní con el doctor Varun Soni, decano de Vida Religiosa en la Universidad del Sur de California (USC), para ver lo que él pensaba acerca de mi idea de construir comunidades misionales para las personas que no creen en Dios. Antes de que me diera cuenta, ya me estaba reclutando. Me explicó que la USC no define la religión en términos de sistemas específicos de creencias, sino más bien como la búsqueda de respuestas para las preguntas fundamentales de la vida: ¿cuál es la naturaleza del universo? ¿De dónde venimos y qué sucede cuando morimos? ¿Quién define el bien y el mal? ¿Cómo podemos sacar el máximo de provecho de nuestras vidas? Me dijo que había más de cuarenta directores religiosos en el campus que representaban una gran variedad de religiones sobrenaturales, pero que no había nadie que se encargara de las necesidades comunitarias de la población secular de la USC en rápido crecimiento. Tendría que recaudar mis propios fondos, me advirtió. Pero convertirme en el primer capellán humanista en la USC fue una gran oportunidad para organizar el tipo de congregación que tenía en mente. Unas semanas más tarde, Marty y yo estábamos camino a Los Ángeles.

¿Qué hago en la USC? Prácticamente hablando, hago lo mismo que se esperaría que cualquier capellán de universidad hiciera. Asisto a las actividades del campus, hablo en reuniones en clases y en los dormitorios, organizo reuniones comunitarias, patrocino compañerismos estudiantiles, ofrezco cuidado pastoral y asistencia ante alguna tragedia, me reúno personalmente con estudiantes y profesores para alentarlos y apoyarlos en su crecimiento espiritual.

Si esa última frase te parece extraña, no debería serlo. Solo porque alguien no cree en Dios no quiere decir que no esté interesado en tener experiencias trascendentales, cultivar la compasión, expresar gratitud y buscar el sentido de las cosas a través de relaciones amorosas y servicio sacrificial. Por cierto, estudios demográficos recientes sugieren que si bien un menor número de adultos jóvenes está identificándose con religiones tradicionales, hay un hambre cada vez mayor de lo que los comentaristas sociales han comenzado a llamar espiritualidad secular. Esos con hambre son mi audiencia, tanto aquí en USC como cuando hablo, escribo y me comunico por Internet alrededor del mundo; y mi mensaje a ellos es simple: si deseas actualizar completamente tus más nobles valores, tienes que encontrar gente de ideas afines y unirte a ellos. Nadie se vuelve o sigue siendo bueno en el aislamiento. Tenemos que ayudarnos unos a otros a crecer.

No estoy hablando de organizar más clubes de ateos de la vieja escuela que se unan para ir en contra de la religión tradicional, obsesionados con la separación de la iglesia y el estado, y felicitándose unos a otros por ser tan racionales. Si esas personas fueran *realmente* racionales, a menudo pienso que prestarían más atención a los datos que indican claramente que tales enfoques negativos están condenados al fracaso en hacer las cosas mejor. Siempre ha habido solo una forma de construir ese tipo de movimiento: primero tienes que enseñar a tus amigos a amarse los unos a los otros, y luego enseñarles cómo atraer a gente de fuera de sus círculos a través de amarlos también. Es por eso que el ideal de mi nuevo ministerio es prácticamente idéntico a mi antiguo ministerio, excepto que en estos días confío en la razón, la ciencia y el sentido común para convencer a la gente de que el amor es el camino más excelente.

Por ejemplo, cualquier domingo por la noche, Marty y yo invitamos a treinta o cuarenta estudiantes a unirse a nosotros en una gran cena de estilo familiar. En parte los invitamos porque los jóvenes responden a una invitación a comer, y también porque hay mucha evidencia de que comer juntos baja los niveles de estrés de las personas y aumenta su sentido de conectividad. El alcohol en una fiesta de fraternidad hace lo mismo, por supuesto, solo que afloja las tensiones y no acelera el tipo de conversaciones significativas y la calidad de relaciones que yo estoy tratando de fomentar. En cambio, yo acostumbro poner en cada mesa tarjetas con unas cuantas preguntas y me aseguro de que los más amigables del grupo presten especial atención a aquellos que son socialmente menos hábiles. Luego, entre la cena y el postre, doy una breve charla sobre sacarle el máximo provecho a esta vida y, después que los platos han sido retirados, dirijo al grupo en uno de esos juegos inocentes que aprendí en los campamentos de verano. El «sermón» es importante para comunicar los valores colectivos y el lenguaje común del grupo, pero lo que más importa es que mis líderes, Marty y yo trabajemos juntos para crear una atmósfera cálida y acogedora que atraiga a la gente lo suficientemente a menudo para que podamos llegar a conocernos y preocuparnos los unos por los otros.

Francamente, el reclutamiento de nuevos miembros para una comunidad humanista y hacer que la gente se interese y emocione con la adopción de una identidad humanista es mucho más fácil para mí que el evangelismo cristiano que practiqué antes. En aquel entonces, incluso si lograba convencer a alguien que mis amigos y yo éramos un grupo bueno y amistoso, inevitablemente llegaba el momento en que el recién llegado comprendía que unirse a nosotros significaba dar un salto de fe espectacular. En cambio, para ser portador de una tarjeta de miembro de la comunidad secular en la Universidad del Sur de California, no se exige creer nada en lo que la persona no tenga evidencia clara y convincente. Todo lo que se necesita es genuinamente querer ser una persona mejor.

En algún momento cada semana, simplemente camino por el campus, buscando a alguien que quiera entablar una conversación. A menudo, me siento en el club de estudiantes y pregunto a los muchachos alrededor de mí qué estudian y por qué, y cómo se sienten con lo que están aprendiendo. A veces me ignoran respetuosamente, pero por lo general están felices de hablar, e invariablemente preguntan qué es lo que hago en la USC. Cuando les digo que soy el capellán humanista, por lo general me preguntan qué significa eso. Cuando les digo que estoy aquí para nutrir y apoyar a cualquier persona que quiera convertirse en realmente una buena persona y hacer del mundo un lugar mejor, pero sin creer en Dios, muchos de ellos dicen, entusiasmados: «¡Oye, pero si ese soy yo! Háblame más sobre tu grupo. ¿Cómo puedo unirme a ustedes?». No es difícil hacer que la gente se interese cuando el punto en común tiene que ver con valores en lugar de creencias.

Por supuesto, también me encuentro con muchos creyentes. A veces quieren discutir conmigo, pero más a menudo parecen felices de saber que existe un grupo como el nuestro, especialmente cuando ven que mi interés no es socavar la fe de nadie. De hecho, la mayoría de los estudiantes cristianos con quienes me contacto se identifican con al menos parte de mi historia, aun cuando han llegado a conclusiones diferentes. Lo más que hago, sin embargo, es escuchar sus experiencias de vida. Cuando veo que están creciendo felizmente, los animo a seguir haciendo lo que están haciendo, especialmente si sus familiares y amigos son, como ellos, creyentes. Después de todo, mi objetivo no es destruir el cristianismo; mi objetivo es ayudar a tantas personas como me sea posible a comprometerse con relaciones amorosas, en trabajos que valgan la pena, y en un sentido cada vez más profundo de asombro y gratitud. Si la fe sobrenatural de alguien le está ayudando en esa dirección, doy un paso atrás y celebro. Dependiendo de la conversación, a veces puedo incluso dirigir a un creyente hacia recursos que le ayuden en su propia tradición.

Mis grandes enemigos no son creyentes sobrenaturales sinceros y sus tradiciones, sino más bien las fuerzas más oscuras que amenazan con torpedear la prosperidad humana: codicia, violencia, ignorancia, intolerancia, hambre, soledad, aburrimiento. Es por eso que lograr que estudiantes de la USC se autoidentifiquen como humanistas seculares y se unan a nuestra confraternidad no es el objetivo final de mi trabajo aquí, sino solo el principio. Para mí, el ministerio secular consiste principalmente en hacer que los no creyentes comprometan plenamente sus vidas a… bueno, vivirlas.

Mientras que leer el libro de Greg Epstein fue el principio de mi ministerio humanista, no fue sino hasta que leí el devocional clásico de Úrsula Goodenough, *The Sacred Depths of Nature* (1998) [Las sagradas profundidades de la naturaleza], que encontré las palabras para expresar las metas más ambiciosas de ese ministerio. Como yo, Goodenough es hija de un ministro protestante, y bióloga, que entiende que sea que la gente crea o no en Dios, todo el mundo necesita algún tipo de religión. Lo describe así:

> *Al fin de cuentas, todas las religiones abordan dos preocupaciones humanas fundamentales: cómo son las cosas y cuáles son las cosas que importan. Cómo son las cosas se ha formulado como cosmología o cosmos: cómo el universo llegó a ser lo que es, cómo llegaron los seres humanos a ser lo que son, qué sucede después que morimos, los orígenes del mal y de las tragedias y los desastres naturales. Cuáles son las cosas que importan se codifica como moralidad o ethos: los Diez Mandamientos judaicos, el Sermón cristiano del Monte, las Cinco Columnas del Islam, el Vinaya Budista, las Cinco Relaciones Confucianas. La función de la religión es integrar la cosmología y la moralidad, interpretar la narrativa cosmológica tan rica y convincente que provoca nuestra lealtad y nuestro compromiso a sus concepciones morales emergentes. A medida que cada cultura evoluciona, un cosmos y ethos únicos aparecen en su coevolución de la religión. Para miles de millones de nosotros, volviendo a los primeros seres humanos, las historias, las ceremonias y el arte asociados con nuestras religiones de origen son centrales a nuestra matriz.*

Como Goodenough lo ve, debido a que el crecimiento de la población, el poder ilimitado de las corporaciones, el aumento de la inestabilidad económica, los conflictos étnicos y políticos, el deterioro ambiental desenfrenado y, por sobre todo esto, el cambio climático son amenazas globales al bienestar humano, ha llegado el momento de desarrollar una religión compartida a nivel mundial que de alguna manera trascienda nuestras diversas tradiciones culturales sin tratar de derrocarlas.

Desde su perspectiva, la primera parte de ese proyecto —un cosmos globalmente compartido— debería ser fácil. Como ella lo dice:

> *Cómo son las cosas es, bueno, como son las cosas: nuestro relato científico de la naturaleza, un relato al que se puede llamar «La épica de la evolución». La Gran Explosión, la formación de estrellas y planetas, el origen y la evolución de la vida en este planeta, el advenimiento de la conciencia humana y la resultante evolución de las culturas —esta es la historia, la única historia, que tiene el potencial de unirnos, porque resulta ser verdad.*

A fin de comprender ese potencial, sin embargo, ese cosmos debe expresarse en formas cálidas y resonantes de manera que generen una genuina respuesta religiosa. En otras palabras, necesitamos aprender a hablar de nuestra comprensión científica de la naturaleza —y especialmente de nuestra parte en ella— tan clara, hermosa y apasionadamente que, como Goodenough lo expresa, «todos experimentemos una solemne gratitud porque existimos, compartamos una reverencia por cómo funciona la vida y reconozcamos un imperativo profundo y complejo de que la vida continúe».

Aquí es donde creo que el movimiento secular aún no se ha anotado un punto. Tenemos la mejor, más majestuosa, más milagrosamente improbable y aun así fácil de creer narrativa del mundo hasta ahora conocida pero, con algunas pocas notables excepciones, no hemos aprendido a hacerla cantar, y mucho menos a cómo predicarla. Si no me crees, echa un vistazo alrededor de ti. Más y más personas están perdiendo la fe en cualquier tipo de sobrenaturalismo, pero muy pocos se están volviendo naturalistas completamente entusiastas y genuinamente religiosos.

Como siempre les digo a mis estudiantes, si esta vida realmente es todo lo que tenemos, la única opción racional es sacarle el máximo provecho de forma proactiva construyendo relaciones amorosas, desarrollando un trabajo que haga las cosas mejor para las demás personas, y cultivando un sentido de gratitud por las maravillas del universo y el privilegio de estar vivos y, más que nada, conscientes. Ese compromiso no es un sobrante de mis días de cristiano, sino más bien es una respuesta sincera a mi nueva comprensión de la manera increíblemente improbable en que llegué a existir y lo que sucederá —o al menos lo que podría suceder— después de que muera. Después de todo, no soy, simplemente, un estudioso de la naturaleza y de la historia, sino que soy parte de ellas. Por eso, me encanta este poema de Walt Whitman:

> *¡Oh, yo! ¡Oh, vida!*
>
> *¡Oh, yo! ¡Oh, vida! de esas preguntas recurrentes,*
>
> *De las filas sin fin de los que no tienen fe, de ciudades llenas de necios,*
>
> *De mi reprochándome a mí mismo, (pues ¿quién más necio que yo, y quién, más falto de fe?).*
>
> *De ojos que vanamente añoran la luz, de los crueles objetos, del sufrimiento renovado,*

De los pobres resultados, de las multitudes ambulantes y sórdidas que
veo a mi alrededor,
De los años vacíos e inútiles del resto, con el resto y yo mezclados,
La pregunta, ¡Oh, yo! tan triste, recurrente —¿Qué hay de bueno en
todo esto? ¡Oh, yo! ¡Oh, vida!

Respuesta:

Que tú estás aquí… que la vida existe y la identidad, que el
poderoso drama sigue, y que puedes contribuir con un verso.

«¡Oh, yo! ¡Oh, vida!» *Leaves of Grass,*
Hojas de Hierba (1905)

Ser un humanista secular es abrazar esa oportunidad y
dedicarte a hacer que tu verso sea uno verdaderamente bueno, no porque serás recompensado por ello después de tu
muerte, sino por la pura alegría de imaginarte a las personas
que todavía no han nacido disfrutando de un mundo que
ayudaste a hacer posible para ellos, sea que lo lleguen a saber, o no.

En nuestra época de adolescentes, mis amigos más íntimos y yo fuimos inspirados por el clásico cristiano *El costo del*
discipulado, de Dietrich Bonhoeffer, porque hizo que seguir
a Jesús fuera una decisión audaz y radical. Como muchos
jóvenes, no estábamos buscando un estilo de vida cómodo y
seguro, sino más bien un movimiento revolucionario digno
de nuestro compromiso total. Cuando Bonhoeffer contrastó

la «gracia barata» de los grupos de poder con la «costosa gracia» del verdadero discipulado, inmediatamente supimos qué era lo que queríamos. Mis amigos y yo no estábamos interesados en las añejas trampas de la religión dogmática, sino solo en una relación dinámica y personal con el Cristo viviente y toda la heroica aventura que venía con ello. En el nombre de Jesús, nuestra misión era salvar el mundo.

Como era de esperar, no todos en nuestro grupo sentían de la misma manera. Incluso mis amigos y yo experimentamos altibajos en nuestra devoción; no obstante, nuestro poderoso sentido de misión colectiva nos mantuvo unidos y dispuestos a sacrificarnos por la causa. Nuestras reuniones de oración, estudios bíblicos, retiros evangelísticos y viajes misioneros no eran solo para pasar el tiempo; estábamos construyendo un movimiento y, en el proceso, cada uno de nosotros estábamos constantemente apuntalando el compromiso a nuestros valores compartidos. El resto de la iglesia estaba atrapada en el barro, pensábamos, pero nosotros, los verdaderos creyentes, les mostraríamos el camino.

Eso es exactamente como quiero que mis estudiantes se sientan acerca de su propio papel en la historia; en parte porque transforma positivamente sus vidas en el presente, pero también porque creo que el destino de la humanidad depende de su voluntad de hacer sacrificios profundos por el bien de las generaciones futuras, y de su capacidad para inspirar a otros a hacer lo mismo. Nadie viene a salvarnos, después de todo. La paz y la justicia son cosas que los seres humanos forjan a partir del caos. La civilización no es algo que se pueda dar por sentado. Si nosotros no resolvemos nuestros muchos problemas, nos superarán y destruirán. La clave que los desbloqueará es aprender a amarnos unos a otros. En otras palabras, la mala noticia y la buena noticia de no creer en Dios son una y la misma: la única esperanza y sentido en el universo es lo que hacemos por nosotros mismos, y para sobrevivir siempre debemos hacer más.

Mi deseo de que mis estudiantes abracen por sí solos el modo de vida radical «vamos a salvar al mundo» y lo compartan con otros es tan simple como el que compartí con mis amigos de la secundaria. Quiero que lean libros y escuchen programas que activen su imaginación, y los intercambien entre ellos. Quiero que se enojen por las injusticias y tracen nuevas maneras de luchar contra ellas. Quiero que busquen a aquellos que están perdidos y solos y trabajen para reintegrarlos. Quiero que escriban himnos de admiración y majestuosidad de la naturaleza y liturgias que nos llamen a responder en consecuencia. Quiero que se queden hasta tarde por la noche, enamorándose de grandes ideas y animándose unos a otros para seguir haciendo las cosas que realmente importan, que es la forma en que los mejores jóvenes en cada religión siempre tienen. Porque, por extraño que suene, el humanismo secular es, de hecho, mi religión.

Para usar el lenguaje de mi padre, el humanismo secular puede y debería funcionar como una estructura de plausibilidad global muy parecida a la iglesia cristiana, aunque con la razón en lugar de la fe y la ciencia en lugar de la supuesta orientación divina. Recordando su citas de 1 Corintios

1, debemos aplicar «*la sabiduría del mundo*», incluso cuando nuestros hermanos creyentes aplican «*la locura de Dios*» para la construcción de innumerables comunidades locales que nos inspiran y equipan para ser y hacer lo mejor posible. Cuando eso sucede, estoy seguro que ciertos creyentes y secularistas por igual estarán gratamente sorprendidos por lo poco que nos diferenciamos en vivir nuestros valores más apreciados, y por cuántos de esos valores tenemos en común.

El quid del asunto: Por qué el humanismo no funciona sin Jesús

Por Tony Campolo

Aunque me siento triste por el alejamiento de mi hijo del cristianismo, estoy orgulloso de su compromiso permanente de levantar comunidades transformadoras, y satisfecho por las obvias similitudes entre lo que aprendió de mí y de mis amigos cristianos sobre el ministerio y lo que enseña a sus estudiantes de la USC. También me siento aliviado, en relación a mi hijo, al haber encontrado a muchos excristianos que son abiertamente hostiles a cualquier tipo de espiritualidad organizada y que comunican nada más que desprecio hacia amigos y familiares creyentes que han dejado atrás. Para los padres de tales ateos, no tengo nada más que compasión.

Para los padres cristianos de humanistas seculares positivos como Bart, sin embargo, tengo algunos consejos: aprovechen cada oportunidad que se les presente para apoyar y animar a sus hijos cuando digan o hagan algo que refleje sus valores del reino; procuren que se den cuenta de que ustedes ven una conexión directa entre su forma de ser y el amor de Dios, aunque para ellos este hecho pase inadvertido; háganlo demostrando que notan y aprecian la calidad de sus hijos mientras mantienen su propia comprensión del origen de su calidad, lo que puede abrirles a ustedes oportunidades para hablarles de lo que se pierde cuando se excluye a Dios de la vida.

En el caso de la capellanía humanista de Bart, me parece que lo más importante que falta es una base eterna, inquebrantable para el estilo de vida que está tratando de implantar en sus estudiantes. En términos sencillos, creo que necesita a Jesús. Permítanme explicar.

Como mencioné anteriormente, a mediados de los años sesenta se me presentó inesperadamente la oportunidad de enseñar sociología a los alumnos de la *Ivy League* («Liga de la Hiedra») en la Universidad de Pensilvania. En conferencias y seminarios, me vi confrontado una y otra vez por estudiantes brillantes y serios que no me permitían el lujo de lidiar con mis preguntas, sino que exigían que discutiéramos las suyas. Más que nada, estos jóvenes seculares querían saber lo que significa ser humano y cómo se puede lograr la calidad de humano. Todas sus otras preguntas estaban supeditadas a esta dominante. Sus ansias por justicia social expresaban su esperanza de un mundo donde todos pudieran alcanzar su plena realización. Su interés por la psicología se centraba en alcanzar su máximo potencial. Incluso su experimentación con drogas psicodélicas revelaba su deseo de aumentar la conciencia para que la vida se pudiera apreciar y disfrutar en su máxima profundidad.

En el fermento de ese entorno, tuve que volver a trabajar mis creencias con el fin de dar respuestas cristianas a las preguntas que ardían en los corazones y las mentes de mis estudiantes. Para mi sorpresa, algunos de ellos se convirtieron a la fe de Cristo, y no pasó mucho tiempo antes de que los miembros de mi departamento empezaran a decir que yo había hecho de mis cursos una iglesia con énfasis evangelístico. Mirando hacia atrás, debo confesar que probablemente tenían razón; sin embargo, el hecho de que los estudiantes escucharan con intenso interés lo que la Biblia tenía que decir me convenció de que no tenemos por qué avergonzarnos de pregonar el evangelio. Un día, cuando pregunté a mis estudiantes del último año qué era lo que querían de la vida, la clase se reavivó.

—Quiero ser humano, plenamente humano —dijo en forma un poco brusca uno de mis estudiantes; se levantó, lo cual es algo poco usual en el ambiente informal en una sala de seminario—. Todos queremos ser humanos —siguió diciendo—. Nosotros no sabemos cómo llegar a ser humanos, y nada de lo que he oído en esta clase ha ofrecido la más mínima sugerencia.

—¿Qué quieres decir cuando dices que quieres ser mano? —le pregunté—. ¿Podrías describir las cualidades de ser humano? ¿Podrías enumerar las características de ser humano? ¿Me podrías dar alguna idea de lo que quieres alcanzar? Después de todo, ¿cómo podría yo decirte cómo llegar a ser humano si no me has dicho lo que eso significa para ti?

—¡Vamos! —dijo—. Todo el mundo sabe lo que significa ser humano. Ser humano es ser amoroso, infinitamente amoroso; sensible, perfectamente sensible; consciente, totalmente consciente; empático, completamente empático; perdonador, completamente perdonador. Podría seguir enumerando las cualidades de ser humano, pero solo estaría elaborando sobre lo obvio. Todos aquí saben de lo que estoy hablando cuando me refiero a la «condición humana». Y usted también lo sabe; así que deje de probarme.

—Está bien. Te estaba probando. Ahora sé lo que para ti significa la condición humana, pero debo ir un poco más allá. Sabes algo del amor, algo de la empatía y algo del perdón. Aun si posees estos rasgos en un grado muy limitado, los obtuviste de alguna manera. ¿Naciste con ellos? ¿Fueron parte de tu constitución biológica? ¿De dónde vino la limitada condición humana en tu personalidad? ¿Cuál fue su origen?

—¡Me está probando de nuevo! —exclamó casi gritando, evidentemente molesto—. Esta es una clase de sociología y usted es un sociólogo. Usted sabe que lo que sean las cualidades de ser humano que poseo las obtuve mediante el proceso de socialización. Si soy perdonador, es porque me asocié con gente perdonadora y adopté sus rasgos y semejanzas. Si poseo un sentido de conciencia de la vida, es solo porque he interactuado con gente que ha vivido de esa manera. Usted sabe todo eso, entonces, ¿qué es lo que está intentando hacer?

—Lo que trato de hacer —respondí—, es llevarte de vuelta a una simple definición de socialización que aprendiste en el curso introductorio. ¿Recuerdas lo que dice el libro de texto?: «Socialización es el proceso por el cual el *homo sapiens* se hace humano». ¿Recuerdas que te explicamos que si al momento de nacer te hubiesen separado de los seres humanos y entregado a los lobos para que te criaran, veinte años después no tendrías ninguno de esos rasgos que tan elocuentemente has sugerido como evidencia de tu condición humana?

»Sin la interacción no tendrías ningún lenguaje con el cual pensar. No tendrías categorías con las cuales interpretar la realidad. No tendrías ninguno de los rasgos humanos que enumeraste. Ni siquiera tendrías una conciencia de ti mismo, porque sin relaciones sociales, nunca podrías desarrollar las capacidades reflexivas que son esenciales para la autoconciencia. Únicamente adoptando la perspectiva de un otro significativo te haces consciente de que eres una persona que existe. En resumen, sin interacción con otros seres humanos, tendrías la forma de un hombre, pero ninguno de sus rasgos. Tu condición humana es un don de la sociedad. Te conviertes en lo que son las personas que te socializan».

—¿Qué está tratando de probar? —me preguntó—. Está diciendo que es la sociedad la que me hace humano? Yo siento exactamente lo contrario. Siento que la sociedad me está deshumanizando. Me hace sentir alienado y no amado. Me reduce a una cosa; no hace que me sienta una persona.

Yo lo estaba preparando para proclamarle el evangelio.

—Mira —le dije—, lo que estoy tratando de decirte es que los rasgos de la condición humana se ganan solo por interactuar con aquellos que los poseen. Si tú tienes una relación cercana y sostenida con alguien que es muy cariñoso, tú también lo serás. Seguramente sabes esto por propia experiencia. ¿Nunca has tenido relación con alguna persona tan humana que cuando dejaste de verla, sentiste que tu condición humana había mejorado, se había animado y elevado a un nivel superior? Lo que estoy tratando de explicar es que solo llegarás a ser tan humano como la persona que llegó a ser importante en tu vida, la persona con la cual te relaciones estrechamente.

—¡Eso es terrible! —respondió—. Me está diciendo que si quiero ser plenamente humano, si quiero ser la persona totalmente actualizada que Abraham Maslow me pide que sea, si quiero ser todo lo que mi potencial me permita ser necesito tener una relación con alguien que ya es todo eso. ¿Pero usted no entiende? No conozco a nadie así. Es más, dudo que exista tal persona. Si usted tiene razón, nunca podré llegar a ser plenamente humano porque no hay nadie con quien me pueda relacionar que haya logrado llegar a ese estado tan elevado.

Fue la posición perfecta y pienso que él lo sabía. Y creo que él anticipaba lo que yo iba a decir.

—Sí, hay —le respondí—. Su nombre es Jesús. Lee el Nuevo Testamento. Léelo con honestidad y abiertamente. Lee los cuatro Evangelios específicamente. Infórmate acerca de Jesús y, a medida que aprendas de él, hazte esta sencilla pregunta: ¿no tiene Jesús la total condición humana? ¿no es él infinitamente amoroso, completamente perdonador, completamente empático y completamente consciente de la gente en el mundo en el que vive?

»Tú quizá te preguntes cómo alguien que vivió hace dos mil años podría responder a tu necesidad de una relación humanizada aquí y ahora. Pero ya sabes mi respuesta. Sabes que estoy convencido de que el Jesús descrito en el Nuevo Testamento resucitó de entre los muertos, está presente aquí y ahora, y te invita al tipo de relación que te ofrece la única esperanza de convertirte en lo que él es. Probablemente dirás que la mala noticia es que él realmente no existe, pero estoy tratando de comunicarte la buena noticia de que él sí existe. Y no solo existe, sino que tiene mucho interés en relacionarse personalmente contigo y quiere que le permitas que te transforme a su semejanza».

Sorprendentemente, él y mis otros estudiantes estaban fascinados. Todos habían oído hablar del Jesús que murió en la cruz para salvarlos del infierno. Los televangelistas les habían dicho que si creían en Jesús podrían hacerse ricos o curarse de cáncer. Pero nunca antes habían oído hablar de un Jesús que humanizara. Cuando la hora de clase llegó a su fin, mis estudiantes no querían parar. Uno de ellos nos invitó a todos a su apartamento para seguir analizando el tema; yo hice una llamada a casa, me disculpé por no llegar a la cena y me fui con ellos.

—Mira —dije, dirigiéndome al joven con quien había venido platicando—, mientras te escuchaba enumerar los rasgos de la condición humana, algo me decía que al mismo tiempo estabas describiendo a Dios. Dios es todo lo que me decías que quieres ser. Y entonces, lo vi: la condición humana y Dios son una y la misma cosa. Tú quieres ser conforme a la imagen de Dios; quieres ser todo lo que Jesús era y es. Lo que tú llamas ser humano es, realmente, ser semejante a Cristo.

Al principio ese pensamiento me pareció blasfemo, pero antes de que pudiera desecharlo, una serie de versículos bíblicos fluyeron en mi conciencia. En Juan 1.12, se nos dice que si tenemos una relación con Cristo, nos convertiremos en *«hijos de Dios».* Y lo mismo dice el apóstol Pablo en Romanos 8.15-17:

> *Pues no habéis recibido el espíritu de esclavitud para estar otra vez en temor, sino que habéis recibido el espíritu de adopción, por el cual clamamos: ¡Abba, Padre! El Espíritu mismo da testimonio a nuestro espíritu, de que somos hijos de Dios. Y si hijos, también herederos; herederos de Dios y coherederos con Cristo, si es que padecemos juntamente con él, para que juntamente con él seamos glorificados.*

Pablo parece estar diciéndonos que a través de Jesús podemos llegar a ser como Jesús, dirigiéndonos a Dios como «Abba» («papito»), y poseer todos los rasgos y cualidades que mis estudiantes llamaban humanos.

Uno de mis estudiantes dijo:

—Si Dios tiene la condición humana y vice versa, entonces necesitamos una nueva forma de hablar de Jesús. Jesús es Dios *porque* es plenamente humano, no a pesar de su humanidad. Cuando yo era un niño y asistía a la Escuela Dominical, me parecía extraño que Dios pudiera ser un hombre, pero si sigo lo que usted está diciendo, es la cosa más lógica en el mundo. Jesús es Dios porque es plenamente humano y es plenamente humano *porque* es Dios. En Jesús, todo lo que Dios *es* fue revelado y todo lo que se supone que un ser humano debe ser se hizo realidad, y ambos eran uno y el mismo. Jesús no era Dios a pesar del hecho de que era humano; él era Dios *porque* era humano; y era, y es, el único ser plenamente humano que haya vivido.

—Correcto —dije—. El resto de nosotros todavía está en el proceso de llegar a tener la condición humana. Solo Jesús es la plenitud de lo que aspiramos ser. Cuando lleguemos a ser como Jesús, no nos convertiremos en puritanos. En lugar de eso, nos convertiremos en personas que manifiesten los «frutos del Espíritu» que, en realidad, son las cualidades de la condición humana. La Biblia dice: "En cambio, el fruto del Espíritu es amor, alegría, paz, paciencia, amabilidad, bondad, fidelidad, humildad y dominio propio…" [Gálatas 5.22, 23, NVI].

Ahora, mi joven amigo estaba participando entusiastamente en la discusión, trabajando intensamente para especificar las implicaciones de nuestra teología en desarrollo:

—Lo que estamos tratando aquí —dijo—, nos lleva a una comprensión de la bondad y del mal que es muy diferente de lo que me han enseñado. A mí me hicieron creer que una persona es buena cuando obedece el conjunto de reglas que Dios ha dictado en la Biblia, y que una persona es mala cuando las desobedece. Ahora estamos hablando de la bondad como algo que realza la condición humana del individuo, y la maldad como cualquier cosa que la disminuye. Por ejemplo, lo malo de odiar a alguien es que disminuye mi calidad humana, lo cual es otra manera de decir que me hace menos como Jesús. Por otra parte, lo bueno es hacer algo que ayude a alguna persona a ser más humana y, en el proceso, que yo mismo sea más humano.

—¡Estás en el camino correcto! —le repliqué. De pronto, me sentí como un estudiante más—. Tu formulación deja claro que el pecado está amarrado a la interacción social. Me estás recordando que no puedo darme cuenta de mis más altas potencialidades de mi condición humana sin involucrarme en la clase de actividades que humanizan a otras personas, y que la deshumanización de otros me hace perder la imagen de Dios. Si seguimos esa línea de pensamiento, entonces algo como el racismo está mal porque conduce a tratar a algunas personas como menos que humanas y, por lo tanto, disminuye la condición humana, tanto de la víctima como del que lo aplica.

—También me estás llevando a repensar el sexo. Siempre he pensado que los pecados de la carne eran deseos y prácticas de la sexualidad fuera del matrimonio. Asumí que el sexo era bueno mientras lo practicaras con la persona correcta, siguiendo las reglas de la iglesia, y malo si no cumplías con esos requisito. Ahora veo que incluso el acto sexual entre marido y mujer es malo si deja a cualquiera de los dos sentirse degradado o convertido en un objeto en lugar de amado.

Basándome en esta realización, hice una declaración muy simple:

—Ser salvo del pecado es ser liberado de esta y toda otra clase de alienación. Es entrar en una relación personal con el ser humano por excelencia, siendo transformado a su semejanza para disfrutar el éxtasis de la plena vitalidad.

—Entonces quiero ser salvo —dijo mi estudiante—. Si la salvación significa llegar a ser plenamente humano, entonces la quiero. La religión en la que me crie comunicaba la idea de que al ser salvo nos estábamos librando del castigo de un Dios enojado; que él no tiene nada que ver con los que no están de acuerdo con el Credo de los Apóstoles; que si creía todas las cosas correctas y decía que sí a todas las preguntas correctas, me iría al cielo. Y si no, me iría al infierno; que Dios quemaría a todos los que no creían que él los amaba. Ahora, usted me está diciendo que ser salvo no tiene que ver con el cielo o el infierno, sino que tiene que ver con ser humano aquí y ahora; que es entrar en un proceso por el cual mis potencialidades para la condición humana se realizan.

—No dije que no haya vida después de la muerte —le respondí—. En realidad, la vida futura es una parte esencial de mi creencia sobre la humanización. Creo que el proceso de ser plenamente humanizado no se puede completar durante el curso de nuestras vidas actuales. Sin embargo, podemos vivir con la esperanza de que lo alcanzaremos cuando estemos plenamente unidos con Jesús después de la muerte. Llegar a ser plenamente humano es lo que es el cielo.

—Todo esto me suena bien —respondió el joven—, pero hay un problema gigantesco. Necesito que me explique cómo es posible establecer una relación personal con este Jesús que encarna la condición humana. Y no me diga que solo necesito hacer una oración invitando a Jesús a mi corazón. Explíqueme en términos que tengan sentido cómo puedo conocer a este Jesús resucitado de ustedes, que me permita superar el sentimiento de alienación que complica mi existencia.

Me acomodé en el mullido sofá marrón, que era el mueble principal en este típico apartamento de estudiantes. El Che Guevara me miraba desde un afiche en la pared, y parecía estar haciendo la misma pregunta. Ansiosos, todos los estudiantes se inclinaron para no perderse palabra de lo que yo iba a decir. Todo parecía depender de mi respuesta.

—A Jesús se lo puede encontrar exactamente donde dijo que estaría; que no habitaría en templos e iglesias que se construyeran en su honor; en lugar de eso, nos alentó a buscarlo los unos en los otros. Dijo: «Ustedes son mis templos; yo habito en ustedes». Lo que estoy tratando de decir es que el Jesús que encarnó a Dios hace dos mil años está místicamente presente y espera que se lo descubra en cada persona con la que tú y yo nos encontremos. Estoy postulando que cada uno de nosotros es un sacerdote que puede comunicar a Jesús a aquellos con quienes nos encontremos, y que aquellos con quienes nos encontremos son sacerdotes que pueden comunicar a Jesús a cada uno de nosotros. Piensa en el hecho tan evidente de que todos somos conscientes de que hay algo sagrado en las otras personas. Hay algo en cada uno de ellos que nos hace creer que cada uno es de un valor infinito. Generalmente no nos molestamos en reconocer esta presencia sagrada que encontramos en los demás, pero sabemos que existe y que merece respeto.

»Según Martin Buber, hay en las otras personas —además de aquellos rasgos que pueden identificarse y describirse objetiva y verbalmente— una cualidad de ser que es trascendental. Se refiere a esta cualidad sagrada como el «tú». Buber cree que si el «yo» (esa dimensión trascendental de mi individualidad) se rinde a una íntima unidad con el «tú». la alienación y el distanciamiento serán superados y se experimentará la condición humana. Buber llama a esta experiencia: «relación yo-tú».

—Tales encuentros no son normativos en las relaciones cotidianas que cultivamos entre nosotros —continué—. Por lo general, tenemos la relación que Buber llama «yo-ello» en la que la otra persona no es más que una cosa o un objeto; pudiendo ser un estudiante, un trabajador, un demócrata o un presbiteriano. En la relación «yo-ello» a la otra persona no se la trata con reverencia, sino que se la reduce a la típica categoría de aquellos seres que llevan a cabo una función particular. El hombre que cobra el pasaje en el autobús es simplemente un conductor de autobús. La mujer que maneja mis asuntos legales es solo una abogada. Tales personas son más que las funciones que desempeñan. Las trato como si fueran objetos. Puedo tratar de ser justo y amable con ellas, y en un buen día hasta les puedo brindar una sonrisa, pero nuestra relación no va más allá que eso.

»Por otro lado, la relación «yo-tú» me lleva más lejos. En tal encuentro, cada persona se rinde a la otra, y los dos se convierten en uno. Solo más tarde me doy cuenta de que esa preciosa y maravillosa experiencia se ha convertido en parte de mí. Solo después lo entiendo como un momento sublime en el que «yo» he sentido temporalmente las alegrías extáticas de la plena humanidad.

»Buber continúa sugiriendo que en cada encuentro «yo-tú» Dios está presente, no como un objeto o un concepto que puede ser aprehendido como un «ello», sino como Jehová, «el eterno Tú», que puede conocerse solo en la sacralidad de la otra persona. Solo entonces, el Jesús resucitado podrá encontrarse en términos de compañerismo. Por eso es que él dice en las Escrituras, *"donde están dos o tres congregados en mi nombre, allí estoy yo en medio de ellos"* [Mateo 18.20]. Es por eso que la Biblia nos dice que cualquiera que dice que ama a Dios pero odia a su hermano es un mentiroso, porque es solo amando a los demás que podemos experimentar a Dios.

»Yo creo que muchas personas han experimentado el poder humanizador de Jesús a través de las relaciones «yo-tú», sin darse cuenta de lo que realmente estaba sucediendo. Se encontraron con Jesús y fueron transformados por su amor, y no se percataron que se trataba de él. Jesús es nuestro único Salvador, pero no todos los que están siendo salvos reconocen ese hecho. La Biblia dice que habrá muchas sorpresas en el Día del Juicio Final. A algunos que afirmaron conocer a Jesús se los rechazará porque ignoraron las necesidades de otras personas, mientras que otros que pensaban que no tenían ninguna relación con él serán acogidos en su reino. Él explicará que cada vez que dieron comida al hambriento, vistieron al desnudo, o ministraron a los enfermos y solitarios, él estaba allí. Jesús no estaba hablando simbólicamente cuando dijo: «*En cuanto lo hicisteis a uno de estos mis hermanos más pequeños, a mí lo hicisteis*» [Mateo 25.40]».

Cuando terminé, hubo un largo silencio.

—Yo no creo eso —dijo uno de los estudiantes.

—Ni yo —dijo otro.

Finalmente, el estudiante que había llevado la mayor parte de la conversación me miró a los ojos.

—Tampoco yo —dijo—, pero voy a pensar en lo que usted ha expuesto.

Después de que nos separamos, oré por esos estudiantes en forma muy parecida a como oro por Bart. Primero, doy gracias a Dios por darles un deseo tan profundo por la bondad moral, y luego le pido que los ayude a ver que sin Jesús esa hambre nunca estará plenamente satisfecha.

Otra cosa que quería que mis estudiantes reconocieran es que con el secularismo no hay mucho de un imperativo moral. Si no hay Dios, entonces cualquier cosa es permisible, dice Dmitri en *Los hermanos Karamazov,* la novela clásica de Fiódor Dostoyevsky. Como yo, Dmitri ve que en un mundo sin un fundamento moral claro, permanente y objetivo, el bien y el mal son enteramente categorías subjetivas, abiertas a ser redefinidas por cualquier sociedad o individuo como lo crea más conveniente. Por mucho que Bart y sus compañeros humanistas seculares hablen de ir tras la bondad, no tienen un ejemplo común y definitivo de la bondad de la que hablan, y no hay manera de acceder a los recursos espirituales necesarios para seguir ese ejemplo. Yo pienso que ellos están a la deriva, sea que se den cuenta o no. Quizá el loco de la parábola de Nietzsche («Parábola del loco», 1882) lo ponga mejor, al mismo tiempo que despotrica sobre la «muerte» de Dios:

¿A dónde nos vamos ahora? ¿Lejos de todos los soles? ¿No estamos cayendo perpetuamente? ¿Hacia atrás, hacia los lados, hacia adelante, en todas direcciones? ¿No hay un ascender y un descender? ¿No estamos extraviándonos en una nada infinita? ¿No sentimos el aliento del espacio vacío? ¿No se ha puesto más frío? ¿No es más y más noche llegando todo el tiempo?

Por simple que parezca, no hay mejor antídoto para esa frialdad, ni guía moral más confiable que la pregunta originalmente planteada por Charles Sheldon en la novela *En sus pasos o ¿Qué haría Jesús?* (1896) Aunque la voluntad de Dios está siendo reflejada en otras culturas y religiones alrededor del mundo, y en la sabiduría universal disponible que los teólogos llaman la revelación natural, yo creo que encuentra su expresión más completa en la vida y en las enseñanzas de Jesús. Además, creo que solo Cristo puede permitirnos a cada uno de nosotros realizar plenamente nuestro potencial humano.

El lado oscuro de la gracia: Por qué Jesús no funciona para mí

Por Bart Campolo

EL RELATO DE MI padre sobre su conversación con aquellos estudiantes de la Universidad de Pensilvania me recuerda que tal inmediatez fue siempre el estándar de oro de los cristianos para el discipulado cristiano. Echaba tanto de menos los testimonios, las alabanzas o un libro devocional describiendo la intimidad con Jesús que me hacía sufrir. Al escuchar el himno «A solas al huerto yo voy», pensaba en Jesús caminando conmigo, hablándome y diciéndome que yo era suyo. Yo creía que él era real, pero para mi desazón, Jesús no era mi mejor amigo.

De vez en cuando era honesto acerca de mi frustración, pero con mayor frecuencia, para tratar de disimular mi vergonzosa realidad ante los demás creyentes, describía la relación que quería con Jesús como si ya hubiese sido un hecho.

No fue sino hasta la última parte de mi condición de cristiano que me di cuenta de que muchos de nosotros éramos como los aldeanos de *El traje nuevo del emperador*, la historia de Hans Christian Andersen. Fingíamos, atemorizados y a veces aun autoconvenciéndonos, al ver a nuestros pares tan emocionados, solo para descubrir que todos los demás estaban haciendo lo mismo que hacíamos nosotros.

Pasé muchos años escuchando y predicando sobre la importancia crítica de una relación íntima y personal con Jesús, pero nunca entendí completamente lo que significaban esas palabras. Me preguntaba: *¿Cómo podría tener una relación personal con alguien que había vivido y muerto hacía más de dos mil años?* Incluso si concedo que Jesús resucitó de entre los muertos y ascendió al cielo, estando él a la mano derecha de Dios, eso parecía demasiado lejos como para que pudiéramos conocernos. *Además*, pensaba, *¿no era el Espíritu Santo que se suponía que iba a mantenernos comunicados todos los días?*

Créanme. No estoy bromeando. Durante todo el tiempo que fui cristiano —incluyendo mis cuatro años de estudios religiosos de grado en Haverford College y la Universidad de Brown—, nunca pude resolver la notable diferencia entre el Jesús resucitado y el Espíritu Santo. Por más que lo intenté, la doctrina de la Trinidad siempre me eludió, tanto a nivel teológico como práctico. Incluso durante esos momentos trascendentales cuando sentí que oía la voz de Dios, nunca estuve muy seguro de cuál miembro de la Deidad estaba hablando.

Lo que sí sabía, sin embargo, era que mi padre y el resto de la comunidad cristiana casi siempre describen su fe en términos de Jesús. Para ellos, Jesús es y siempre ha sido la expresión más sublime de Dios, y sus palabras en letras rojas son las claves que desbloquean el verdadero significado de la Biblia. Jesús es Señor y Salvador. Jesús es el camino, la verdad y la vida. Jesús es la respuesta. En un sentido muy real, cuando se trata de ese tipo de cristianismo, conocer a Jesús de una manera personal lo es todo.

Para mí, sin embargo, Jesús es casi completamente inaccesible. Nunca he visto su fotografía, escuchado una grabación de su voz, o leído una sola frase que se le pueda atribuir a él, y mucho menos conocerlo en persona o saber de alguien que lo haya conocido. Como el resto del mundo, todo lo que puedo conseguir son cuatro relatos breves, muy editados y obviamente sesgados de su vida y tiempos, que incluso en su forma original se escribieron décadas después de su muerte, y no son totalmente coherentes entre sí. Sé de muchos que afirman que esos relatos revelan claramente su personalidad, pero en lo que a mí concierne, el registro bíblico de Jesús es demasiado superficial como para que alguien asegure que realmente conoce el carácter de Jesús.

Entre las muchas cosas importantes, no sé acerca de Jesús: si era un buen carpintero; cómo se habrá sentido al saber que José no era su verdadero padre; su orientación sexual; sus perspectivas sobre la esclavitud, el aborto y una guerra justa; su clase favorita de cualquier cosa; su sentido del humor; su mejor amigo; por qué levantó a Lázaro de entre los muertos pero a nadie más; qué pensaba entre la crucifixión y la resurrección; y por qué no se aseguró que a lo menos uno de sus discípulos tomara mejores notas. Es decir, sé mucho más sobre Abraham Lincoln o Michael Jackson que lo que sé de Jesús.

En cualquier caso, la idea de tener una relación personal e íntima con un ser espiritual me parece muy poco realista. Después de todo, para los seres humanos no es fácil establecer ese tipo de relación. «¿Qué haría Jesús?», dicen millones de brazaletes de plástico, pero yo sigo sin tener una idea al respecto. ¡Por el amor de Dios! ¡Yo no sé lo que hace mi esposa la mitad de su tiempo, y eso que hemos estado íntimamente relacionados por treinta años!

Como cristiano, respondí a tales quejas apelando a la inspiración divina. No podemos realmente entender o interpretar los relatos bíblicos de Jesús, solía recordar a mis oyentes, a menos que y hasta que no seamos guiados por el Espíritu Santo. Debido a que nuestras mentes humanas son limitadas y falibles, solo podremos conocer la verdad si Dios sobrenaturalmente invade nuestras conciencias y la revela.

Ahora pienso que lo que experimenté como una fuerza sobrenatural era en realidad solo el funcionamiento natural de mi propio cerebro. Hay muchas pruebas para apoyar esa conclusión, pero lo que originalmente me llevó a eso no fue la psicología ni la neurociencia, sino más bien esta simple observación: a pesar de la guía divina del Espíritu Santo y más de dos mil años tratando de resolver el problema, cada iglesia cristiana y cada creyente en forma individual ve a Jesús de manera diferente al resto, y cada uno está convencido de que, gracias sean dadas a Dios, su visión es la más exacta de todas.

Por supuesto, esas diversas visiones revelan más sobre los valores de las personas que las tienen, que los de Jesús mismo. Puede que tenga una pálida idea de quién fue el Jesús histórico y qué cosas le interesaban, pero leyendo o escuchando a cualquier cristiano describiéndolo, es posible que pueda aprender mucho sobre quién es realmente esa persona y en qué está interesada.

No me sorprende que me guste el Jesús de mi padre, no solo por su gran compasión, sino también por su compromiso de siempre con la justicia social, la responsabilidad ambiental y los derechos de la mujer, por no mencionar su adhesión más reciente a la igualdad matrimonial. Estoy bromeando sobre esa última parte, por supuesto, porque todo el mundo sabe que no fue Jesús quien finalmente cambió su opinión acerca de nuestros amigos de la comunidad LGBTQ, sino que más bien fue mi padre quien cambió su opinión sobre Jesús.

Yo hice lo mismo cuando era cristiano. Una y otra vez, ajusté mi visión de Jesús para que reflejara mis más serios valores y entendimiento del mundo. La buena noticia fue que el Señor con el que terminé era literalmente la persona más perfectamente maravillosa que hubiese podido imaginar. La mala noticia fue que mi Jesús perdió toda autoridad en mi vida una vez que me di cuenta de que él era simplemente una proyección de mis propios ideales.

Por supuesto, aunque los cristianos de hoy en día a menudo no están de acuerdo en cuanto a lo que Jesús haría aquí y ahora, están notablemente unidos sobre la suprema importancia de lo que hizo, de una vez y para siempre, hace dos mil años, en el Calvario. De hecho, prácticamente cada cristiano cree que la cruz es la base de su salvación, y que la gracia redentora que expresa es la parte más maravillosa del evangelio. Por cierto, mi padre cree estas cosas. Como dice a menudo, sin el sacrificio perfecto de la crucifixión de Jesús y la victoria decisiva sobre el pecado y la muerte de su resurrección, el resto de su teología se desmoronaría. Como dijo una vez el apóstol Pablo, si Cristo no resucitó, entonces él y sus compañeros los creyentes serían las personas más dignas de lástima, porque su fe sería ilusoria (1 Corintios 15.14, 17, 19).

Desafortunadamente, al igual que los estudiantes en el seminario de mi padre, no puedo creer su historia de Jesús, e incluso cuando la creí, secretamente desprecié grandes trozos de ella. Para mí, la esencia del Credo de los Apóstoles, que Jesús fue concebido por el Espíritu Santo; nació de la virgen María; sufrió bajo Poncio Pilato; fue crucificado, muerto y sepultado; descendió a los infiernos; resucitó de entre los muertos; y ascendió al cielo para sentarse a la derecha de su Padre, suena bastante opuesto a las buenas noticias. De hecho, en lo que a mí respecta, la noción de que Dios requiere un sacrificio de sangre para perdonar los pecados de la humanidad es sencillamente la más triste, la más dolorosa y la más desalentadora doctrina jamás inventada.

El pecado original es donde comienza el evangelio, ¿verdad? Ya sea que Adán y Eva fueran literales o metafóricos, la consecuencia de su transgresión es que todos los demás somos concebidos y nacidos en pecado, indignos de comunión con la santidad de Dios. Todos somos pecadores por naturaleza y, por lo tanto, totalmente incapaces de redimirnos a nosotros mismos y totalmente merecedores de la condenación eterna. Una vez que te acostumbras a la idea, puedes elegir tu propio apodo bíblico para nosotros: trapos de inmundicia, objetos de ira, paganos, hijos de desobediencia, enemigos de Dios.

Para mí, no tiene sentido que debamos pensar de nosotros mismos de esta manera, y mucho menos que el Dios amoroso que nos hizo deba hacerlo. Entiendo que no somos perfectos, o a veces incluso ni muy buenos, pero todavía no he conocido a alguien que sea totalmente depravado, sin ni siquiera una gota de cualidad humana. Más importante aún, conozco a mucha gente que obviamente no merece la condenación eterna. No estoy hablando solo de gente destacada, como la Madre Teresa o Nelson Mandela, sino gente de todos los días que ama a sus amigos y familiares y que trata de vivir correctamente. Todos conocemos a gente así. También conocemos a algunos niños pequeños así, y no importa lo mal que se comporten, no condenaríamos a ninguno a que se queme en el infierno. Entonces, ¿por qué Dios sí?

Esto quizá sea mi mayor problema con el cristianismo: se basa en un extraño autodesprecio contraintuitivo según el cual no tenemos nada bueno ni de valor, sino que no merecemos otra cosa que ser castigados eternamente por la única razón de haber nacido. De hecho, según las «buenas nuevas», nuestra única esperanza es el favor inmerecido de Dios, que viene a nosotros en la forma de Jesús, el cordero sacrificial que sufre y muere en nuestro lugar.

Lo que quiero decir es que si incluso necesitamos ser perdonados por Dios por haber nacido humanos y no haber alcanzado la perfección moral, ¿por qué alguien tenía que ser matado en el proceso? ¿Por qué nuestro amable Dios no nos perdona simplemente, de la misma manera que Jesús enseñó a sus discípulos a perdonarse unos a otros? Una vez más, todo esto no tiene sentido. Quiero decir, nosotros los seres humanos nos perdonamos unos a otros todo el tiempo, la mayoría de las veces sin siquiera exigir un ojo por ojo, y mucho menos torturamos y matamos a los que nos ofenden. De igual manera, de seguro que no torturaríamos ni mataríamos a un inocente para justificar al verdadero culpable. ¿De qué serviría eso? ¿Cómo matar a un inocente podría hacer que la parte culpable sea más apta para la buena relación con la divinidad? Yo puedo aceptar sin problemas la idea de disciplina aplicada por los padres, pero no la violencia retributiva de la cruz. Para mí, eso es realmente inmoral.

No tan de prisa: Por qué los secularistas deberían echar otra mirada a la cruz

Por Tony Campolo

Hacia el final de mi carrera académica, un nuevo movimiento llamado la iglesia emergente comenzó a sacudir la base misma de la teología cristiana en Estados Unidos. Escritores tan influyentes como Brian McLaren y Tony Jones públicamente hicieron preguntas difíciles sobre la doctrina de la expiación sustitutiva penal. Esta doctrina —que tiene mucho apoyo bíblico— ha sido un sello distintivo del protestantismo que se remonta al tiempo de la Reforma, especialmente en las obras de Martín Lutero y Juan Calvino. En pocas palabras, se la pueda describir así:

- Todos los seres humanos son pecadores.

- Un Dios justo y santo tiene que castigar —y lo hará— a los pecadores con la muerte.

- Jesús, el Hijo de Dios sin pecado, se ofrece voluntariamente como sustituto para morir en nuestro lugar en la cruz del calvario.

- La sangre derramada de Cristo nos limpia para siempre de toda injusticia, haciéndonos aptos para el cielo.

A muchos líderes de la iglesia emergente les repele la idea de que Dios sea una deidad sanguinaria que, como los antiguos dioses paganos, requiere de sacrificios de sangre para ser apaciguado. Además, como Bart, sostienen que un Dios justo jamás castigaría a una persona inocente en lugar del culpable. En Inglaterra, el destacado evangelista Steve Chalke ha ido aún más lejos, sorprendiendo a la comunidad cristiana británica, al declarar que requerir que su propio Hijo sufriera una tortuosa crucifixión haría a Dios no menos que un abusador cósmico de niños.

Mi respuesta a estos líderes ha sido señalar que la doctrina de la expiación sustitutiva penal es solo una explicación de cómo nuestra salvación fue llevada a cabo por Jesús en la cruz, y recordarles que ninguna explicación, por sí sola, puede contener la historia completa. Lo que sucedió en el Calvario es demasiado profundo como para poder reducirlo a una simple fórmula. No rechazo de plano la expiación sustitutiva penal, pero tampoco pongo todos los huevos en esa cesta. La gloria de nuestra salvación es más grande que eso.

Como Bart bien sabe, tengo mi propia manera especial de reflexionar sobre el Calvario, que me permite experimentar una limpieza espiritual que alivia la carga del pecado y la culpa que de otro modo me abrumaría. Casi cada noche, al acostarme, concentro intensamente mis pensamientos en Jesús crucificado para conectarme emocional, psicológica y espiritualmente con él. En ese momento, me rindo al Cristo sufriente y espero que me tienda su mano en empatía. Se produce, entonces, una especie de transferencia al dejar ir todos mis fracasos y la fealdad en mi corazón, al tiempo que espero que se los lleve y se haga cargo de ellos. Jesús, clavado en la cruz, es como un imán, y mis pecados son como limaduras de hierro que son traspasadas de mí a él.

En esta forma de pensamiento, me parezco a Søren Kierkegaard, el existencialista danés, que una vez describió a Cristo en la cruz como el «eternamente crucificado». Como la mayor parte de los cristianos, Kierkegaard entendió que Jesús era y es a la vez plenamente humano y plenamente divino. *En su condición de humano*, él murió en un lugar particular y en un tiempo determinado. *En su divinidad*, sin embargo, Jesús trasciende la historia. Como Salvador Dalí sugiere en su gran obra sobre la crucifixión, el Cristo crucificado cuelga por sobre la progresión lineal del tiempo y así es capaz de llegar a y conectarse con todos y cada uno de nosotros, en cada momento de nuestra vida, ofreciendo su luz a cambio de nuestra oscuridad. Como la Biblia lo dice: «*Al que no cometió pecado alguno, por nosotros*

Dios lo trató como pecador, para que en él recibiéramos la justicia de Dios» (2 Corintios 5.21, NVI). O como un amigo ruso ortodoxo una vez dijo: «En la cruz él se convirtió en todo lo que somos, para que nosotros pudiéramos convertirnos en todo lo que él es».

Irónicamente, es nada menos que Albert Einstein quien, en su famosa teoría de la relatividad, presta cierta legitimidad a esta explicación de nuestra salvación.

Hasta el desarrollo de la física einsteniana, se suponía que en todos los lugares y en todas las situaciones y circunstancias, el tiempo se experimentaba exactamente de la misma manera. Si hubiera criaturas con conciencia a través del universo, se creía que estarían experimentando el mismo inexorable flujo de tiempo; que si una criatura consciente estaba en la Tierra o en algún planeta de un sistema solar localizado en una galaxia a miles de millones de años luz, el paso de un día se experimentaría de la misma manera en ambos casos. Sin embargo, Einstein desafió y refutó este criterio cuando propuso y dio pruebas de su nueva teoría.

La nueva física de Einstein nos desafía a entender que el tiempo es relativo al movimiento. Cuanto más rápido yo viaje en relación a ti, más lentamente pasará el tiempo en relación a ti. Pongámoslo de esta manera: si viajara por el espacio en un cohete una velocidad de 208 mil kilómetros por segundo, en relación con la gente en este planeta, con instrucciones de viajar durante diez años antes de regresar, al regresar a la Tierra encontraría que habría envejecido diez años mientras que la gente y todo en la Tierra habría envejecido veinte años. Viajando a esa velocidad, veinte años de tu tiempo equivaldrían a diez años de los míos. Si pudiera viajar a 240 mil kilómetros por segundo en relación a ti, mil años de tu tiempo se verían comprimidos a lo que yo experimentaría en un día. Y si pudiera viajar a la velocidad de la luz (300 mil kilómetros por segundo), toda la historia humana y la historia del planeta mismo se verían comprimidas a un momento sin extensión de tiempo y se podría llamar apropiadamente «un eterno ahora».

En un experimento realizado en el laboratorio de investigación de física de la Universidad de Princeton se estudiaron los efectos de la velocidad sobre un átomo de hidrógeno puesto en movimiento en un ciclotrón. El átomo de hidrógeno viajó a velocidades que se aproximaban a los 52 mil kilómetros por segundo. Esa fue la velocidad más alta a la que el átomo pudo viajar, mientras que todavía podía proporcionar a los científicos la posibilidad de observar su velocidad de pulsación (es decir, la velocidad a la que el electrón se mueve alrededor del núcleo del átomo). A medida que aumentaba la velocidad relativa del átomo, esta velocidad de pulsación disminuía. La velocidad a la que el electrón giraba en torno del núcleo del átomo disminuía. Al menos, eso era lo que les parecía a los científicos observando este fenómeno. Si el átomo mismo tuviera conciencia, no percibiría que su velocidad había disminuido, pero sí percibiría que el mundo de los científicos se había acelerado.

El tiempo es relativo al movimiento, y a la velocidad de la luz deja de existir del todo como un flujo inexorable de acontecimientos sucesivos. A la velocidad de la luz, todo queda atrapado en un eterno ahora. Lo temporal queda atrapado en lo eterno. Es difícil procesar todo esto, especialmente para aquellos de nosotros cuyas categorías de pensamiento no están adaptadas a una perspectiva einsteniana sobre la realidad. Sin embargo, cuanto más leo en el campo de la astrofísica contemporánea, más me convenzo de que «ahora» es parte de la eternidad y que la eternidad puede ser experimentada ahora. Eso me lleva a creer que lo que encuentro ahora no se convierte simplemente en parte de la historia muerta, sino que es parte de un eterno ahora que pertenece a otro nivel de existencia.

Creo que Dios comprende al universo entero de esa manera. Para Dios, todo ocurre *ahora*. De hecho, la autodescripción de Dios, «Yo soy el que soy», implica su absoluta atemporalidad. Dios nunca fue y nunca será, porque tanto el pasado como el presente están reunidos juntos en el eterno ahora de Dios. De ahí que la Biblia nos diga que para Dios, mil años son como un día, y un día es como mil años (2 Pedro 3.8). Y por eso fue que Jesús pudo decir, «*Antes de que Abraham fuese, yo soy*».

En su humanidad, Jesús comprendió el tiempo como una progresión lineal de los acontecimientos, pero en su divinidad, fue y es capaz de condensar todo el tiempo lineal en su eterno ahora. Por lo tanto, aunque colgó en la cruz hace dos mil años, siempre es simultáneo con cada persona en el tiempo y en la historia. Y puede conectarse conmigo cada noche mientras yo me rindo a él. Acostado en la cama, lo siento llegando a través del tiempo y el espacio, no solo para absorber mi pecado y la duda, sino también para derramar su justicia en mí. La Biblia deja claro que a través de Jesús, Dios imputa esta misma justicia a todo ser humano que se haya rendido espiritualmente a él. Eso significa salvación no solo para aquellos de nosotros que somos posteriores a su resurrección, sino también se extiende en el tiempo para incluir a aquellos que confiaron en Dios antes de que Jesús naciera.

Obviamente, estos pensamientos me llevan más allá de los problemas de aquellos que cuestionan el carácter de Dios implicado por la doctrina de la expiación sustitutiva penal.

Esta doctrina, articulada primero por san Agustín y posteriormente presentada con mayor claridad por san Anselmo, nos provee a los creyentes algunas ideas valiosas sobre los acontecimientos gloriosos en aquel primer Viernes Santo, aunque solo araña la superficie. Yo he ofrecido la combinación de la cristología de Kierkegaard y la teoría de la relatividad de Einstein no con el propósito de proceder a una adición formal a la teología, sino solo para explicar cómo respondo a las duras críticas de quienes, como mi hijo Bart, han encontrado en las enseñanzas tradicionales de Calvino y Lutero un obstáculo a la fe.

Por supuesto, los problemas de Bart no son solo con interpretaciones teológicas de la Biblia vinculadas a la Reforma, sino también con, según su propia consideración, los numerosos errores científicos y contradicciones internas que hay en la Biblia. Como muchos escépticos, ha compilado una larga lista de versículos tomados del Antiguo Testamento que sugieren una tierra plana, una cosmología ptolemaica y una creación de seis días, a lo que él ha añadido una cantidad de relatos del Nuevo Testamento que no están de acuerdo entre sí, mucho menos con el registro histórico.

Mi respuesta a estos «problemas» es simple: en realidad no tienen mayor importancia. Claro, si usted trata de leerla literalmente, la Biblia contiene algunos errores e inexactitudes, pero no es así como sus antiguos autores esperaban que se leyera, y no es así como la han leído los cristianos durante cientos y cientos de años. De hecho, la idea de que la Biblia es literal e inerrantemente verdadera es relativamente nueva. Fue introducida a principios del siglo XX por un pequeño grupo de protestantes estadunidenses en una serie de tratados llamados *The Fundamentals* (Los Fundamentalistas). Desafortunadamente, esos fundamentalistas y sus seguidores han llevado a mucha gente, incluyendo a muchos escépticos, a leer la Biblia de la manera equivocada.

A mi modo de ver, los escritores evangélicos no estaban tan interesados en los detalles de la vida de Jesús como en la verdad de su vida. Como su contraparte en el Antiguo Testamento, construyeron cuidadosamente sus historias para dar a sus lectores ideas claras sobre el significado y propósito de la vida. Insistir en saber si esto o aquello realmente sucedió de la manera que se describe es errar el tiro. Lo importante no es si cada uno de estos relatos es escrupulosamente preciso y coherente con los demás. Lo que importa es lo que colectivamente revelan acerca de la naturaleza de Dios.

Por ejemplo, el Evangelio de Mateo dice que Jesús nació en el año 4 a. C., mientras que el Evangelio de Lucas dice que nació en el año 6 d. C. Un escéptico podría decir que esa discrepancia de diez años invalida la historia de Navidad, pero para mí, esa minucia parece una tontería. Piénsalo. Seguramente los padres de la iglesia que canonizaron a Mateo y a Lucas primero debieron haberlos leído. Y de haberlo hecho, como seguramente lo hicieron, debieron de haberse percatado de las dos fechas diferentes para el nacimiento de Jesús, junto con las genealogías de Jesús completamente diferentes de Mateo y Lucas. Lo dejaron así porque sabían que era mejor no pensar o preocuparse de si lo que estaban leyendo era objetivamente preciso. Todo lo que importaba era que fuera verdad.

Cuando busco las verdades que las Escrituras me revelan, lo hago en la forma que san Ignacio llamó *lectio divina*. En mi devocional diario, no me acerco a la Biblia como si se tratara de un libro de texto, sino que medito cuidadosamente en lo que he leído. Y repaso un pasaje varias veces, orando para que Dios me muestre lo que necesito aprender de él. Antes de su ascensión, Jesús dijo a sus discípulos que enviaría al Espíritu Santo para que nos enseñara todas las cosas y nos recordara lo que él había dicho (Juan 14.26) y yo diariamente confío en esa promesa. Mientras dejo que el Espíritu Santo me guíe, las verdades emergen de las palabras que estoy leyendo, que son mucho más profundas que lo que conseguiría con una lectura meramente literal.

Francamente, si Bart leyera la Biblia de la manera que yo lo hago, abierto a las realidades espirituales en lugar de comparar y contrastar los datos empíricos, creo que podría encontrar que todavía suena a verdad, especialmente cuando se trata del resto de la historia de Jesús. Después de todo, sigue siendo la más grande historia jamás contada.

Bondad sin Dios: Los fundamentos de una moralidad secular

Por Bart Campolo

Aprecio la actitud de mi padre en torno a la cruz, lo que le permite aferrarse a Dios el Padre como el recurso supremo de la moralidad humana, y a Jesús, como su ejemplo perfecto y su fuerza capacitadora. En lo que a mí respecta, sin embargo, la moralidad es solo otro lugar donde los seres humanos somos mejores por nuestra propia cuenta. No es solo que los Diez Mandamientos sean problemáticos, o que no podamos conocer a Jesús en primer lugar, o incluso que las implicaciones negativas de la cruz sean tan horribles, sino que cuando se trata de averiguar lo que está bien o está mal, hemos tenido un código mejor que data de mucho tiempo antes de que él naciera.

Desafortunadamente, no importa cuán articulado sea un secularista en otros asuntos, cuando de improviso se le pregunta de dónde viene su sentido de lo bueno y lo malo no sabe qué decir. A veces yo me siento así, aunque he tenido bastante práctica explicando mi moralidad a gente religiosa que no puede comprender la idea de ser bueno sin Dios. Cuando se me pregunta al respecto, esta es mi explicación básica:

A un nivel personal, como casi todo el mundo que es justo, amable, y considerado hacia los demás, fui criado por adultos justos, amables y considerados hacia los demás, que me enseñaron los fundamentos de la empatía humana, tanto de palabra como de hecho. Como en muchas familias, en muchos lugares, por muchos miles de años, esos conceptos básicos fueron resumidos para mí en la Regla de Oro: haz con los demás lo que te gustaría que hicieran contigo. Durante mi infancia, mucho antes de que recibiera cualquier enseñanza sobre sexo, drogas, alcohol, dinero o idolatría, se me hizo entender que la esencia de ser una buena persona tenía que ver con no causar daño a los demás, por un lado, y hacer todo lo posible para ayudarlos, por el otro.

Mientras que algunos podrían argumentar que la Regla de Oro en sí misma es una enseñanza cristiana, los antiguos egipcios la escribieron más de quinientos años antes de que Jesús naciera; lo mismo que Confucio en China y Thales en Grecia y Siddhartha en la India. Más tarde, pero siempre antes de Jesús, el rabino Hillel enseñó el mismo precepto a sus seguidores en la Tierra Santa, y versiones de ella se encuentran en prácticamente todas las demás grandes religiones del mundo. Irónicamente, ninguna de estas tradiciones de fe supone que se necesita un tipo de revelación sobrenatural para que los seres humanos sepan cómo tratarse unos a otros. En lo referente a la moralidad, pareciera que prácticamente todo el mundo sabe que todo lo que realmente necesitamos es la empatía humana cotidiana.

No quiero ser trivial, pero la empatía humana cotidiana es exactamente lo que mis padres y otros adultos importantes me enseñaron, tanto implícita como explícitamente, todos los días de mi infancia. En primer lugar —y no puedo enfatizarlo lo suficiente— nadie abusó de mí ni verbal, ni emocional, ni sexual, ni físicamente, incluso cuando me porté mal. Aunque no estoy sugiriendo que los sobrevivientes de tales traumas infantiles no pueden ser sinceros, cariñosos, adultos moralmente rectos, no hay duda de que el abuso, la negligencia y el abandono complican el desarrollo de la empatía. También lo hace cualquier forma de autoritarismo que no permita la debilidad y no sepa perdonar los errores.

En mi caso, incluso cuando me porté mal, muy rara vez se me castigó de acuerdo con un conjunto de reglas duras y rápidas. En cambio, se me explicaba en términos del daño que mi mal proceder podía causar a otras personas, y las más de las veces el castigo o la recompensa se me aplicaba sobre la base de cómo había hecho que se sintiera alguien más. Siempre se me animó a fijarme en los demás e imaginarme cómo se podrían sentir en determinadas situaciones. «¿Te gustaría que alguien te tratara así?», me preguntaban una y otra vez. Lo que era encomiable en mi familia tenía poco que ver con una obediencia ciega; se trataba de mostrar amabilidad y respeto hacia quienes nos rodeaban, y especialmente a los necesitados.

No es de extrañar que así fue como traté de criar a mis hijos, y cómo espero que lo hagan ellos con los suyos.

Por supuesto, todas las mejores enseñanzas morales del mundo no pueden hacer que una persona llegue a ser fundamentalmente justa, amable y considerada si sus genes y hormonas no cooperan. Aunque yo tuve una serie de experiencias positivas en mi primera infancia, tenía un cerebro capaz de aprender, recordar e imaginar, sin lo cual nunca habría desarrollado empatía, el ingrediente crítico de la bondad moral. Todos nos hemos encontrado con niños, o al menos hemos sabido de ellos, con cerebros disfuncionales o dañados en grado tal que no pueden formar apegos significativos o una preocupación genuina por los sentimientos de otras personas, y nosotros, intuitivamente, comprendemos las trágicas consecuencias de tales condiciones. Tan agradecido como estoy por la influencia moral de mi familia, también estoy agradecido por tener suficiente salud mental como para beneficiarme de eso.

También tuve el lujo de pasar mi infancia en condiciones de estabilidad en las que, en un nivel práctico, la Regla de Oro funcionó perfectamente bien para mí y para todos los que conocía. De hecho, hasta donde podría decir, la gente de la que dependía nunca tuvo que mentir, engañar, robar o usar cualquier tipo de violencia para protegerme y darme lo que necesitaba. Me sentí seguro, bien tratado y alimentado adecuadamente desde el principio, y las otras familias en mi iglesia y vecindario generalmente parecían disfrutar de los mismos valores morales que los míos. Obviamente, no todo el mundo nace tan afortunado.

En todas partes hay niños que crecen en un ambiente de pobreza extrema, violencia e injusticias por lo que deben aprender un código moral muy diferente para sobrevivir. No me gusta decir que la Regla de Oro es un artículo de lujo, pero he conocido padres que literalmente no han podido seguirla o incluso pensar mucho en ella, y mucho menos enseñarla a sus hijos. Tristemente, en lugares donde reina el caos, la Regla de la Selva funciona mejor cuando se trata de cuidar a la familia. Es por eso que un niño de la calle en Puerto Príncipe, Haití, es casi seguro que desarrollará un sentido de qué está bien y qué está mal sobre robar y sobre compartir muy diferente al que aprendí yo en mi barrio de árboles, césped verde y flores.

Tampoco nuestra moralidad viene solo de nuestras familias, sino también de lo que nosotros como niños experimentamos en el mundo más amplio alrededor de nosotros. Lo vi con más claridad cuando trabajé como activista de los derechos humanos en la ocupada Cisjordania, donde los colonos israelíes y los aldeanos palestinos viven a un tiro de piedra en realidades absolutamente diferentes. ¿Por qué respetar la autoridad cuando los poderes detienen y aterrorizan a tus amigos en nombre de mantener la paz? ¿Por qué abstenerse de la violencia cuando los vecinos abiertamente amenazan con desencadenar la violencia en tus hijos? Rápidamente aprendí que tus respuestas a tales preguntas —para no mencionar tu imagen de Dios— dependían en gran medida de qué lado del conflicto vivías cuando creciste.

Me refiero al conflicto israelí-palestino aquí a propósito, como un recordatorio de que el desarrollo moral es solo una

parte de ese mucho más grande proceso sociológico, como mi
padre llama a la socialización, mediante el cual los seres humanos aprendemos a entendernos e interpretarnos a nosotros y a
nuestras vidas, no solo desde nuestras familias y vecinos, sino
también desde las normas y valores culturales que nos rodean y
nos definen. La religión es, por supuesto, una parte importante
de cualquier cultura, pero también lo es cualquier otra construcción humana, como el idioma, el comercio, la agricultura,
el matrimonio, la medicina, la tecnología, el colonialismo y la
guerra. Cada cultura tiene un código moral algo diferente, y
todos ellos —incluyendo a los cristianos estadounidenses— están cambiando implacablemente con el tiempo. Entonces, para
mejor o para peor, mi comprensión de lo bueno y lo malo
estuvo en función de dónde y cuándo nací y cómo me criaron.

Lo que no estuvo en función de eso, sin embargo, fue algo
objetivamente justificable. Honestamente, siempre me siento
perplejo cuando cristianos me preguntan cómo puedo confiar
en cualquier código moral no fundamentado en la autoridad
moral fija y absoluta de Dios. Ese es, exactamente, el punto
que he estado tratando de hacer: nadie decide confiar en un
código moral porque es objetivamente justificable o divina-
mente inspirado. De hecho, nadie decide confiar en un código
moral en absoluto. Nosotros no elegimos nuestra comprensión de lo bueno y lo malo ni de dónde viene. Absorbemos
estas cosas desde niños, y solo las racionalizamos para nosotros
y para los demás mucho después, de hecho.

Entiendo la atracción visceral de la idea de que el Dios
Todopoderoso define el bien y el mal, pero para mí es

terriblemente difícil de tragar. Quiero decir, ¿cosas como la violación y el asesinato son malas simplemente porque Dios las prohíbe, o son objetivamente malas? Después de todo, ¿no es la moralidad realmente reflexionar sobre el impacto potencial de mis acciones, ponderando las diversas opciones contra una compleja matriz de valores contrapuestos y, humildemente, tomar la mejor decisión posible? Para mí, seguir ciegamente un mandamiento divino pareciera ser una manera de esquivar el duro trabajo de deliberación y de evadir la responsabilidad de las intenciones y consecuencias de mis acciones. La simple obediencia podría evitar que la gente de fe haga cosas malas, pero no estoy seguro de cómo les ayudaría eso a convertirse en moralmente buenos. A menos que, por supuesto, su definición de bondad sea confiar ciegamente y obedecer, en lugar de averiguar cuidadosamente qué es lo justo, lo amable y lo considerado en una situación dada.

Traer a Dios a la ecuación también confunde las cosas cuando se trata de las motivaciones subyacentes para nuestras decisiones morales. Después de todo, ¿es un acto de voluntad realmente moral si solo lo hacemos para ganarnos el favor de Dios o evitar su ira? ¿Qué carácter moral admiras más: la persona que hace lo correcto con el fin de ganar recompensas o evitar castigos, o la persona que lo hace basándose en su comprensión de lo que está en juego para todo el mundo, y porque encuentra que hacer el bien le resulta intrínsecamente satisfactorio? A mí me parece que la bondad que no se hace solo por caridad podría no ser realmente buena. Una vez más, cuando se trata de moralidad personal, yo prefiero la simplicidad no-Dios de la Regla de Oro.

Otra cosa que me gusta de la Regla de Oro es que, gracias a Charles Darwin y sus colegas, tenemos una muy buena idea de dónde viene y por qué es tan consistente a través de las culturas en la historia humana. De hecho, no hay mucho cuestionamiento en cuanto a que nuestros instintos morales —empezando por la empatía— son producto de la evolución por selección natural.

Así es como trabaja: cada organismo vivo tiene un material de autorreproducción llamado ADN que determina sus características físicas. Ocasionalmente, el ADN en un organismo es espontáneamente mutante de una manera que causa cambios en su descendencia, pudiendo esta ser dañina, neutral o útil. Si el cambio es dañino, la descendencia es menos probable que sobreviva para reproducirse, por lo que la mutación eventualmente muere. Si el cambio es útil, sin embargo, la descendencia prospera y reproduce más descendencia y la mutación se expande. Finalmente, durante largos períodos de tiempo, las formas mutantes y no mutantes del organismo original se separan en diferentes especies, lo que explica por qué después de muchos millones de años haya tantas variedades de vida en este planeta, desde bacterias unicelulares hasta nosotros, los seres humanos increíblemente complejos.

No soy un antropólogo evolutivo, pero cuando se trata de moralidad, creo que la mutación del ADN más importante de todos los tiempos debe ser la que separó a los primeros de nosotros como mamíferos de nuestros ancestros reptiles. Después de todo, mientras que el cerebro de los reptiles funciona bien cuando se trata de manejar el hambre, controlar la temperatura, pelear o huir como reacción ante el miedo, reproducirse, y los otros elementos básicos para la supervivencia, no tienen capacidad de memoria ni de emoción. Nosotros, los mamíferos, por otro lado, hemos añadido a esos instintos de reptiles lo que los biólogos llaman el sistema límbico, que nos capacita para experimentar emociones, recordar experiencias y cooperar los unos con los otros como una estrategia de supervivencia. Debido a que los cerebros más complicados requieren de más tiempo para desarrollarse plenamente, los mamíferos no pueden cuidarse solos al momento de nacer y, por lo tanto, deben ser alimentados por sus madres. Así es como empieza la empatía, evolutivamente hablando, con la selección natural de las primeras madres que se daban cuenta cuando sus hijos tenían frío, tenían hambre o estaban en peligro de muerte, y respondían a sus necesidades de maneras que los mantuvieron vivos.

Evidencia de la evolución de la empatía materna —que rápidamente se propaga a otras relaciones— aparece en nuestras cabezas, donde nuestros cerebros producen y procesan la oxitocina, las endorfinas y otras hormonas asociadas con las relaciones de cooperación. Eso también aparece en las interacciones de los chimpancés y de los bonobos estudiados por el primatólogo Frans de Waal, quien señala que los seres humanos no son los únicos animales que aman, temen, comparten, roban, guardan rencores, perdonan, pierden, y que se mortifican unos a otros. Por el contrario, muchos animales sociales viven en grupos altamente estructurados donde las reglas y las inhibiciones, la competencia y la cooperación, y los pequeños egoísmos y actos de genuina bondad son realidades cotidianas. Lo que emerge en tales grupos es la regla más básica de todo código moral: las conductas que hacen que el grupo prospere se recompensan con alimentos, con sexo, con estatus o con algún otro beneficio, mientras que los comportamientos que dañan al grupo son castigados con violencia o rechazo, o alguna otra sanción inmediata.

Lo que nos distingue a los seres humanos, sugiere Waal, es el desarrollo posterior de una parte adicional de nuestro cerebro, la corteza prefrontal, donde razonamos, pensamos lógicamente, reconocemos el paso del tiempo, generalizamos nuestras experiencias y hacemos decisiones complejas. Nuestra corteza prefrontal es la que nos permite extender nuestras intuiciones morales primitivas a estándares universales de comportamiento —como la Regla de Oro— y combinarlas progresivamente con sistemas elaborados de justificación, monitoreo y castigo. Ahí es donde entra la religión, por supuesto, cuando un grupo se hace demasiado grande para reforzar sus valores a la antigua usanza y debe inventar poderosos agentes sobrenaturales con ojos en el cielo para mantenernos en línea. Como de Waal lo pone en su *The Bonobo and the Atheist: In Search of Humanism Among the Primates* (El bonobo y el ateo: En busca del humanismo entre los primates, 2013), «No fue Dios quien nos introdujo a la moralidad; más bien, fue al revés. Dios fue puesto en práctica para ayudarnos a vivir de la manera que sentíamos que deberíamos vivir».

Perdónenme por ponerme tan técnico aquí, especialmente cuando todo lo que realmente estoy tratando de decir es que estoy bastante seguro de que no hay justificación objetiva para la moralidad humana. En lugar de estar insistiendo en los Diez Mandamientos, en los Cinco Pilares del Islam, en el Camino de las Ocho Etapas del Budismo, o cualquier otra revelación divina, yo creo que nuestro profundo sentido de lo correcto y lo incorrecto se ha desarrollado naturalmente entre nosotros al actuar a lo largo del tiempo para subsistir. Además, como ese proceso está en desarrollo, creo que además de ser esencialmente subjetiva, la moralidad humana es también un blanco en movimiento. La única constante, hasta donde puedo decir, es que al final, todos definimos la bondad moral según lo que sea que haga que nuestro propio grupo florezca.

Si estoy en lo cierto, entonces tiene sentido que tantas normas, costumbres y valores sean similares en todas las culturas, porque hay algunas leyes de la naturaleza que se aplican igualmente en todo el mundo. Conductas antisociales como la mentira, el asesinato y el incesto no funcionan para nadie bajo ninguna circunstancia a largo plazo, por lo que están universalmente prohibidas.

Por supuesto, si el florecimiento en grupo es verdaderamente el estándar superior de la bondad, entonces también tiene sentido que las reglas sobre la comida, el agua, la sexualidad, la crianza de los hijos y otros aspectos de la vida comunitaria varíen mucho de un grupo a otro, dependiendo de las condiciones en que se desarrollan. Aun así, todas estas reglas se basan, en última instancia, en el cuidado mutuo y en la responsabilidad en el contexto de los grupos cooperativos. En pocas palabras, la moralidad humana es y siempre ha sido fundamentalmente sobre las relaciones humanas.

Por eso es que por cuestión natural sentimos diferentes niveles de obligación moral hacia los demás, dependiendo de cuán estrechamente nos relacionamos. Los miembros de tu familia inmediata —y especialmente tus hijos— son tu principal preocupación; tú velarás por ellos por sobre y contra cualquier otro en tu tribu, de la misma manera que velarás por los otros miembros de tu tribu sobre y contra cualquier otro en el resto de tu país, y tu país sobre y contra el resto del mundo.

Biológicamente hablando, somos leales de esa manera porque todos nosotros instintivamente entendemos que nuestro propio bienestar depende del bienestar de los que están más cerca de nosotros. De hecho, el proceso de evolución nos ha equipado maravillosamente para difuminar frecuentemente las líneas entre nuestra propia salud y felicidad y la salud y la felicidad de aquellos por los que nos preocupamos. Por eso es que no necesitamos ninguna autoridad divina fija y absoluta sobre la cual basar nuestros juicios morales; es buena la vieja empatía humana de todos los días. Grabar en piedra cualquier mandamiento más específico que la Regla de Oro sería ignorar el hecho de que las circunstancias en este planeta están cambiando constantemente y, más importante aún, abdicar nuestra responsabilidad natural a proteger cuidadosamente nuestra especie, nuestro país, nuestra comunidad y, sobre todo, nuestros hijos.

¿Y entonces, qué?: Por qué los secularistas no pueden enfrentar la muerte

Por Tony Campolo

PARA EL SECULARISTA, TODO es temporal. Todo pasa. Todo ser viviente muere. No hay vida eterna. Nada es eterno. La vida es nada más que un fenómeno puramente natural y, cuando el proceso biológico ha seguido su curso, la muerte es la conclusión natural. No hay cielo; no hay infierno; no hay vida después de la muerte. Al final, no hay nada en absoluto. Es difícil hacer frente a esta realidad, y a través de las edades los hombres han buscado la manera de evadirla. La religión, según el pensador secular, a veces es deliberadamente inventada para ofrecer la esperanza de una vida después de la muerte a los que no tienen el valor de hacer frente a su propia finitud. Para el humanista, creer en una vida futura no es nada más que una ilusión. La persona puede tratar de ser valiente al hacer estas afirmaciones, pero bajo la superficie, yo creo que todos sufrimos de profundos temores y ansiedades.

Los jóvenes a menudo se niegan a enfrentar el hecho de que ellos también van a morir un día. Esto les permite hablar tranquilamente de la muerte. A menudo me causaba gracia la aparente facilidad con la que mis estudiantes seculares proclamaban que esta vida es todo lo que hay, pero es difícil que estos jóvenes universitarios comprendan su propia mortalidad y entiendan el significado de su propia finitud. Para ellos, morir es algo que les sucede a los ancianos; no a ellos ni a sus amigos. Lógicamente, saben que un día van a morir, pero viven tan desvinculados de este hecho que casi no los afecta. Viven como si su tiempo durara para siempre y como que siempre habrá otro mañana. Mirando el reloj que nunca se detiene, es fácil para ellos engañarse al pensar que para ellos no hay fin de tiempo. Quizá haya sido mejor cuando medíamos el tiempo con los relojes de arena, porque entonces incluso nuestros jóvenes se acordarían de que el tiempo se agota.

Hace muchos años, dirigí un curso sobre existencialismo. Les pedí a los alumnos, uno por uno, que compartieran los efectos que el conocimiento de su muerte inminente tenía sobre su manera de vivir. En la clase, formada en su mayoría por muchachos jóvenes, había solo una mujer de mediana edad. Esperó hasta el final para hablar y empezó diciendo suavemente, pero con firmeza, dirigiéndose a los demás, que no sabían de qué estaban hablando. Dijo: «Una vez fui a un concierto de órgano donde una de las llaves quedó atascada. Al principio, apenas lo noté. Era solo durante las pausas en la música que uno podría oír débilmente el sonido que producía. Pero a medida que avanzaba el concierto, el sonido de la nota que producía la llave trabada era cada vez más fuerte hasta que ya no fue posible disfrutar de la música. Esa nota lo arruinó todo. Así es como me ha afectado la realidad de la muerte. Cuando yo era más joven, solo pensaba en ella cuando no tenía otra cosa en qué pensar. En las pausas tristes de mi existencia, reflexionaba sobre el hecho de que algún día podría morir. Pero a medida que pasaban los años, la conciencia de mi muerte se volvió cada vez más pronunciada. Llegué a ser consciente de ella no solo durante las pausas, sino también en medio de mis actividades rutinarias. Con el tiempo, esa conciencia se hizo tan poderosa que ha permeado todo lo que hago y pienso, y me hizo incapaz de disfrutar de la vida».

Todos quedaron en silencio. Parecían darse cuenta de que esa joven tenía razón. Ellos no entendían el poder de la muerte.

Al igual que esos estudiantes, los secularistas afirman que en el otro extremo de la vida no hay nada, pero a veces no ven que uno no puede enfrentar esta perspectiva con neutralidad. La nada se apresura hacia ellos y juzga todo lo que han hecho o intentado. Saben que sus grandes sueños, sus mayores logros y sus experiencias significativas serán borrados. A medida que la muerte se acerca, perciben la futilidad de todo. Como lo dijo un mentor que tuve: «Hacemos tanto ruido en Año Nuevo porque estamos tratando de ahogar el macabro sonido de la hierba que crece sobre nuestras propias tumbas».

Del mismo modo, Søren Kierkegaard comparó la vida con una piedra plana arrojada sobre la superficie tranquila de una laguna. La piedra baila y pasa rozando sobre la superficie del agua hasta que llega el momento cuando, como la vida misma, se agota la energía que la mueve y se hunde en la nada.

Un existencialista, Martin Heidegger, se esfuerza por ver alguna consecuencia positiva derivada de la visión nihilista de la existencia que tipifica la mentalidad secular. Dice que el cristianismo degrada la vida en este mundo al sugerir que es solo el preludio de una vida eterna más rica y mejor después de la muerte. Si esto es verdad, entonces la existencia terrena no necesita ser realmente tomada en serio. Heidegger condena esta creencia porque evita que la gente se dé cuenta del significado de cada momento de cada día. La doctrina cristiana de la vida eterna disminuye la necesidad de que la gente viva apasionadamente esta vida al máximo. De acuerdo con Heidegger, deja a la gente poco agradecida de la vida.

Este tipo de personas desagradecidas pueblan el clásico llevado al teatro de Thornton Wilder, *Our Town* [Nuestro pueblo], en el que Emily Webb, el personaje principal, descubre demasiado tarde el gozo singular de estar viva. En el acto 3, después de la muerte de Emily, el director de escena le permite verse a sí misma revivir un día de su vida. Se le advierte que no podrá disfrutar de lo que experimente. De todas maneras, acepta la oportunidad y elige su duodécimo cumpleaños. Ver la forma tan desapasionada en que sus familiares viven le causa tanto dolor que termina suplicando que la liberen de esa oportunidad. Mirando hacia atrás por última vez, Emily grita: «Oh, tierra, eres demasiado maravillosa para que cualquiera te comprenda». Se detiene, vacila, y luego, con lágrimas en los ojos, pregunta a la audiencia: «¿Se darán cuenta todos los seres humanos de la vida mientras la viven? ¿Cada minuto?».

Heidegger cree que mientras una persona no asuma su propia muerte ni se dé cuenta de sus consecuencias, no será capaz de vivir de una manera que le haga justicia. Solo frente a la muerte es que los seres humanos se vuelven plenamente vivos, porque es solo ante la muerte que se proponen vivir la vida con la intensidad gloriosa que los hace totalmente humanos.

Tengo que admitir que para mí, las advertencias de Heidegger tienen un gran sentido. En efecto, he revisado mi teología sobre lo que sucede después de que yo muera para que mi visión de la vida futura pueda contribuir a darle sentido a mi vida aquí y ahora. Quizá pueda explicar mejor mi visión de la doctrina cristiana de la vida eterna con otra ilustración de mi experiencia de docente.

Un día en clase, hice a mis estudiantes una pregunta muy sencilla: «¿Cuánto tiempo han vivido?». Ellos no se imaginaron a dónde quería llegar y más bien se molestaron porque desperdiciara su tiempo con algo tan trivial. Pese a todo, me respondieron. Uno de ellos dijo que había vivido veintidós años; otro, veintiuno; y así.

—¡No, no! —les dije—. No les estoy preguntando cuánto tiempo han existido, sino cuánto tiempo han vivido. Hay una gran diferencia entre vivir y existir. Es posible que hayan existido por veintidós años, pero hayan vivido muy pocos momentos. Quizá la mayor parte de sus vidas ha sido un pasar del tiempo sin sentido entre las instancias en las que han estado plenamente vivos.

»Cuando tenía doce años, de la escuela nos llevaron a visitar Nueva York. Entre las cosas que hicimos fue subir hasta la cima del *Empire State Building*. Treinta y cinco de nosotros empezamos a correr por el pasillo para visitantes de la parte superior del enorme edificio. Jugábamos al «corre que te pillo». Nos gritábamos y chillábamos uno al otro. Nos estábamos divirtiendo de lo lindo; entonces, por alguna razón que no comprendo, de repente me detuve. Agarrado firmemente de las barandas, caminé mirando la extensión impresionante de Manhattan debajo de mí. Me concentré en la escena con gran intensidad. Puse todas mis energías en crear un recuerdo de lo que estaba experimentando. Quería grabarlo en mi mente para siempre. Experimenté la escena con una conciencia intensa. Podría vivir por un millón de años y esa experiencia todavía sería parte de mí. Ese momento se alzó fuera del tiempo eternizándose.

»Estoy seguro —seguí diciendo—, que ustedes saben lo que es capturar un momento como ese. Quizá han estado con su enamorada. El éxtasis de hacer el amor hizo que el momento tan precioso que experimentaban quisieran retenerlo para siempre. La separación entre ustedes y ella fue vencida y ustedes sintieron una unicidad tan satisfactoria como cualquier experiencia descrita por los gurús religiosos. Ustedes saben a lo que me refiero cuando hablo de momentos eternizados. Han vivido algunos de ellos y quisieran vivir muchos más. Ahora, déjenme preguntar de nuevo: ¿cuánto tiempo han vivido?

Hubo silencio en la clase, y luego un estudiante dijo:

—Si junto todos los momentos en los que he estado plenamente vivo, quizá alcanzaría a un minuto, o tal vez menos. Supongo que no he vivido mucho.

Mi creencia sobre la vida futura es que cuando muera, llevaré al otro lado de la tumba todos los momentos que he eternizado durante mi existencia natural. Esto significa que cada momento de cada día tiene una importancia máxima, porque cada momento tiene la potencialidad de ser eternizado. Cada experiencia humana tiene la posibilidad de serle arrebatada al tiempo y hecha parte de la vida eterna. Me parece un imperativo moral tomar la vida en serio, vivirla intensamente, degustarla apasionadamente y disfrutarla a pleno. Hacer lo contrario sería dejar que mi vida no sea más que «madera, heno y hojarasca», que será consumida y reducida a nada cuando mi tiempo en la tierra haya terminado. Sin embargo, si vivo con el tipo de pasión que Heidegger sugiere, si vivo con total conciencia y «redimo el tiempo», cuando muera todo eso quedará conmigo. Creo que en la vida futura compartiremos libremente nuestras experiencias eternizadas unos con otros. El cielo será un intenso dar y recibir de momentos de éxtasis que durarán para siempre.

He encontrado que hay dos condiciones que me impiden experimentar esta vida como lo dicta mi teología. La primera es la culpa, y la segunda es la ansiedad. La culpa me mantiene orientado al pasado. Concentra mi atención en las cosas que debí haber hecho, y en las que no debí haber hecho. La culpa es una carga que drena mi energía, disipa mi entusiasmo por la vida y destruye mi apetito por saborear la plenitud de cada momento. La ansiedad, por otro lado, me orienta hacia el futuro y me impide disfrutar la vida en el presente, por el temor que le tengo al futuro. Atrapado entre la culpa por el pasado y la ansiedad por el futuro, no me queda nada para abordar el momento presente en el que me encuentro.

Cuando me reúno con gente, a veces les queda la sensación de que estoy ausente, «que no estoy realmente ahí con ellos». A pesar de mi presencia física, estoy realmente en otro lugar en el tiempo y el espacio. Por eso es que necesito a Jesús.

El evangelio es la buena noticia de que Jesús me libera de mi culpa, y el pasado ya no necesita torturarme. No me estoy refiriendo simplemente al hecho bíblico de que Jesús murió en la cruz por mis pecados y, por lo tanto, no necesito temer que mi pasado pecaminoso me alcance. Más importante aún, el Jesús declarado en las Escrituras es alguien a quien encuentro místicamente, que invade mi personalidad y que me provee una liberación interior. Mi pecado es perdonado y olvidado, echado en el mar más profundo y olvidado para siempre. Quien lea los testimonios de cristianos convertidos descubrirá, una y otra vez, las referencias a la maravillosa libertad de la culpa que acompaña su nueva vida en Cristo.

Pero hay más buenas noticias declaradas en la proclamación del evangelio. Jesús no solo me libera de los efectos de los pecados de ayer, sino que también me libera de la ansiedad que me hace renuente a enfrentar el futuro. De pronto, el viejo cliché «no sé qué tiene el futuro, pero sé quién tiene el futuro» adquiere sentido.

Ser salvo es tener una relación con Jesús que me libera de la culpa y de la ansiedad para poder vivir cada momento con la calidad eternizada que las Escrituras prometen a los hijos e hijas de Dios. Esto es lo que significa haber «nacido de nuevo» a la vida eterna.

No me malinterpreten, aunque cada uno de nosotros tenga muchos momentos eternizados en esta vida, yo creo que una aún más maravillosa eternidad espera a todos los que confían en Jesús como su Señor y Salvador personal. Sí, sé que las doctrinas de la resurrección corporal y la vida eterna desafían la ciencia, la razón y la verificación empírica, pero de todas maneras sigo convencido de que son verdaderas. El hecho de que no pueda probarlo no me impide a mí ni a mis hermanas y hermanos cristianos reunirnos en Semana Santa para afirmar: «¡Jesús ha resucitado! ¡Ha vencido a la muerte, sin ninguna duda!».

No es sorprendente que los humanistas seculares como Bart duden de nuestras convicciones, pero aquí hay algo a tener en cuenta: en un nivel pragmático, no tienen un historial muy bueno cuando se trata de lidiar con la muerte. Por razones obvias, tienen pocas buenas respuestas al dolor emocional y psicológico que tan a menudo acompaña la amenaza existencial de no ser.

Bart probablemente recuerde que su abuelo Robert David-son conquistó brillantemente ese dolor cuando se enfrentaba a la muerte.Víctima de demencia, este viejo predicador hacía tiempo que había perdido la capacidad para mantener una conversación, pero, sin embargo, mantuvo su fe. Como la abuela de Bart le contó, una mañana se despertó a las cinco de la mañana para encontrar a su marido sentado en la cama, reprendiendo con energía a una presencia invisible. «¿Dónde está, oh muerte, tu aguijón?», decía. «¿Dónde, oh sepulcro, tu victoria?».Tres veces lo dijo a gran voz. Cada vez más fuerte. Finalmente, con un triunfante gesto, dijo: «¡Gracias a Dios, que nos da la victoria por medio de nuestro Señor Jesucristo!», cayó de nuevo en su cama, y murió. Qué buena manera de irse.

Mi madre murió más silenciosamente, pero no sin antes haber escrito una carta a sus familiares y amigos, afirmando su seguridad de la vida eterna, junto con instrucciones para la invitación y la llamada al altar para su funeral. Esta buena mujer, que tuvo que abandonar la escuela en el octavo grado para sostener a su familia inmigrante, cerró su mensaje con gozosa confianza: «¡Finalmente me estoy graduando!», escribió, «¡Gócense conmigo!».

Probablemente yo ya no esté cuando le llegue el momento a Bart, pero cuando eso ocurra, me preocupa que su claridad secular no le sirva como les sirvió la fe a sus abuelos.

Permítanme ser claro: cuando digo «el tiempo de Bart», no me estoy refiriendo al Día del Juicio, sino más bien al momento en que la conciencia de su propia mortalidad lo amenace con abrumarlo en la forma en que mi estudiante femenina a la cual me referí más arriba lo describió a sus compañeros más jóvenes.Viejo como soy, he tenido mi parte de momentos así, pero es el primero que recuerdo mejor. Yo solo tenía treinta y un años, era un padre felizmente casado que tenía dos hijos pequeños y un buen programa de salud, pero nada de eso importaba. Una noche, al poner mi cabeza en la almohada, de repente tuve el más aterrador pensamiento. «Tony», me dije, «estás un día más cerca». Un escalofrío me recorrió la espina dorsal, pero no pude moverme. No me gustó para nada ese pensamiento e hice todo lo posible por desecharlo, pero no desapareció sino hasta que —¡lo adivinaste!— empecé a orar.

Parte del trato: La forma en que los humanistas seculares lidian con la muerte

Por Bart Campolo

Cuando yo era un niño, mi primo Ray, un poco mayor que yo, estaba más lleno de vida que cualquier otra persona que haya conocido. Cuando ingresó a la Universidad de Eastern, lo veía con bastante frecuencia. No pasó mucho tiempo para que se transformara en mi héroe. A menudo, me mezclaba con el grupo que él lideraba porque, como dijo otro estudiante, «A donde Ray llega, es fiesta inmediata». Así era Rey, inteligente, divertido, amable y carismático, tanto mientras fue estudiante en la universidad como en el seminario y en el pastorado, hasta que un día, cuando tenía apenas cuarenta y dos años, un derrame masivo lo dejó con muerte cerebral.

Recuerdo estar al lado de mi tía Ann cuando ella dio autorización a los médicos para que lo desconectaran del respirador y se hicieran cargo de sus órganos. Lo vi morir y desesperadamente quise creer que, de alguna manera y en algún lugar, nos volveríamos a encontrar. Hasta ese momento, para mí el cielo era solo un cuento de hadas, pero de repente tuve que creer que era real. Creo que nada puede ser más natural, sea uno cristiano o no. Robert Ingersoll, quien a finales del siglo XIX era considerado como el más grande orador de Estados Unidos, lo puso de esta manera:

> *La idea de la inmortalidad, que como un mar ha crecido y menguado en el corazón humano con sus innumerables oleadas de esperanza y miedo, estrellándose en las costas y las rocas del tiempo y el destino, no nació de ningún libro, ni de ningún credo, ni de ninguna religión. Nació del afecto humano, y continuará fluyendo y fluyendo bajo las nieblas y nubes de duda y oscuridad mientras el amor besa los labios de la muerte. Es el arco iris de Esperanza, brillando sobre las lágrimas del dolor.*
> —*The Works of Robert G. Ingersoll*, 2012

Esa observación de que no fueron las religiones las que inventaron la esperanza de vida eterna en el ser humano, sino viceversa, tiene resonancia con mi propia experiencia. Una y otra vez, escucho a la gente afligida consolarse a ellos mismos y unos a otros con la promesa de que su ser querido no está realmente muerto, sino solo en otro lugar mejor donde se volverán a encontrar a su debido tiempo para disfrutar una felicidad interminable.

Esos momentos, obviamente, no son los más adecuados para decirles que el deseo de algo no lo hace verdadero o que no hay evidencia convincente de que hay vida después de la muerte. Por el contrario, mientras más viejo me pongo, menos ganas tengo de discutir sobre el cielo con los creyentes, aun cuando todo esté en calma. Después de todo, desear la vida eterna es solo algo natural. Así lo dice Ingersoll:

> *Hay una cosa de la que estoy seguro, y es que si pudiéramos vivir para siempre aquí, no nos preocuparíamos el uno por el otro. El hecho de que debamos morir, y que la fiesta tendrá que terminar, une nuestras almas y pisotea las malas hierbas que tienden a crecer en las sendas entre nuestros corazones.*

Todo el que haya estado en un hospital o junto a un enfermo terminal reconocerá esta verdad. Cuando las personas presienten que el fin está cerca, desean estar rodeados por aquellos a quienes más aprecian. A menudo, dicen cosas tales como: gracias, lo siento, estoy orgulloso de ti, por favor perdóname, prométeme esto, te amo; cosas que debieron haber dicho mucho tiempo antes. Hay reconciliaciones. Los resentimientos se echan al olvido. Hay sanación. Agradecimientos y afirmaciones fluyen libremente. Y todos nos preguntamos: *¿Por qué tomó tanto tiempo?*

De hecho, tales expresiones de bondad no son una función del tiempo, sino de su seguro y cierto final. Sin la inminente separación por medio de la muerte no habría urgencia para que nos conectáramos o nos volviéramos a conectar. *Lo haré mañana,* nos diríamos a nosotros mismos. *Lo haré la próxima semana. O el mes que viene. O en cien, mil, o un millón de años.* La eternidad es el enemigo. Nos guste o no, el amor necesita una fecha límite.

Ese es mi gran problema con la fantasía del cielo: distrae a la gente de la realidad más importante de la vida en esta tierra.

Como todo lo que ocurre en este planeta, el valor de la vida humana es un producto de oferta y demanda. Es precisamente por el hecho de que nuestros días están contados que todos y cada uno de ellos es de incalculable valor para nosotros. Nuestra conciencia de la muerte es lo que nos hace humanos. Cualquier idea que atenúe esa conciencia nos afecta a largo plazo, socavando la intensidad de nuestra sensación de urgencia en cuanto a aprovechar al máximo cada momento. Ingersoll dice a este respecto:

> *Y entonces puede ser, después de todo, que el amor es una pequeña flor que crece en el deteriorado borde de la tumba. Así puede ser, que si no fuera por la muerte no habría amor, y sin amor toda vida sería una maldición.*

Creo que tenemos que dejar de ver la muerte como la negación de la vida, y verla en cambio como el catalizador necesario para cada cosa buena que disfrutamos. Esto no es solo sentido común; es también buena ciencia. No soy un biólogo evolutivo, pero he aquí lo que he aprendido del libro de Úrsula Goodenough, *The Sacred Depths of Nature* [Las profundidades sagradas de la naturaleza]:

Cuando un organismo unicelular se reproduce, da a luz dos nuevas células, pero la célula madre nunca muere. De este modo, se podría decir que cada uno de estos organismos es realmente inmortal. Sin embargo, al emerger animales multicelulares comienzan a diferenciar las células implicadas en la reproducción sexual (lo que se conoce como línea germinal) de aquellas que manejan los otros trabajos de estar vivos (conocidas como células somáticas). En el proceso, la muerte de las células somáticas está programada y la inmortalidad se maneja sobre la línea germinal. Esto libera al soma —que para los seres humanos incluye el cerebro— de cualquier obligación para reproducirse y le permite enfocarse en cambio en estrategias para transmitir la línea germinal.

Sea que entiendas o no mi pequeño resumen, asegúrate de comprender la conclusión de Goodenough:

Así que nuestros cerebros y, por lo tanto, nuestras mentes están destinados a morir con el resto del soma. Y es aquí donde llegamos a una de las ironías centrales de la existencia humana. Que es que nuestros cerebros sensibles son únicamente capaces de experimentar profundo pesar, tristeza y miedo ante la perspectiva de nuestra propia muerte, pero fue la invención de la muerte, la invención de la dicotomía línea germinal/soma, lo que hizo posible la existencia de nuestro cerebro.

En otras palabras, la muerte es el precio de la conciencia. La muerte es el precio del amor, la alegría, la belleza, la esperanza y la maravilla. Uno puede tener inmortalidad o puede tener humanidad, pero no puede tener ambas al mismo tiempo. No sé tú, pero yo elijo esta vida. O, más bien, elijo estar agradecido por ella, especialmente cuando considero el porcentaje infinitesimalmente pequeño de materia y energía en el universo que se las arregla para animarlo todo, por no hablar de seres humanos conscientes. Entre los pensadores seculares, creo que el que mejor expresa este punto es Richard Dawkins, en *Unweaving the Rainbow: Science, Delusion and the Appetite for Wonder* ([Deshilachando el arco iris: Ciencia, delirio y el apetito por lo maravilloso], 1998):

> *Vamos a morir, y eso nos hace afortunados. Muchos nunca van a morir porque nunca van a nacer. Las personas potenciales que podrían haber estado aquí en mi lugar pero que nunca van a ver la luz del día superan en número a los granos de arena del desierto de Arabia. Sin ninguna duda, esos fantasmas no nacidos incluyen poetas más grandes que Keats, científicos más grandes que Newton. Sabemos esto porque el conjunto de posibles personas permitidas por nuestro ADN excede en mucho la actual cantidad de personas. Entre los dientes de estas probabilidades que dejan estupefactos, somos tú y yo, en nuestra mundanidad, los que estamos aquí. Somos unos pocos privilegiados que nos ganamos la lotería del nacimiento contra todas las probabilidades. ¿Cómo podríamos quejarnos ante nuestro inevitable regreso a ese estado anterior del que la gran mayoría nunca ha salido?*

A decir verdad, yo no tengo miedo de volver a lo que Dawkins llama «ese estado anterior». Después de todo, una vez que haya muerto ya no habrá «yo» para que me quite el sueño. Estoy de acuerdo con Epicuro: «Donde está la muerte, yo no estoy, y donde yo estoy, la muerte no está». Tal vez podría preocuparme más por no existir si no tuviera la experiencia que tengo, porque yo no existí al menos por trece mil millones de años antes de que naciera, y eso no me preocupó en absoluto. En realidad, considero que esta vida consciente son unas breves y muy emocionantes vacaciones del olvido.

Hace unos años, a mi familia y a mí un amigo generoso nos ofreció dos semanas en una mansión de las famosas Hilton Head, con lancha rápida y un Jaguar convertible incluidos. Al principio estábamos en la gloria, holgazaneando junto a la piscina y degustando los mejores vinos de la bodega de nuestro anfitrión, pero a medida que el día de nuestro regreso se acercaba, empecé a lamentarme por el hecho de que no pudiéramos disfrutar de ese lujo para siempre. No me parecía justo que algunas familias vivieran así todo el tiempo, y nosotros no. Como lo diría Dawkins, empecé a quejarme.

Mi hija, Miranda, me sacó de mi refunfuño, recordándome lo increíblemente afortunados que éramos, en primer lugar, al estar allí, vivos y con salud, tomando el sol juntos. «Mira, papá», me regañó. «Puedes perder los últimos pocos días que nos quedan aquí lloriqueando y deseando que pudiéramos quedarnos más tiempo, o puedes unirte al resto de nosotros exprimiendo hasta el último rescoldo de felicidad mientras que llegue el tiempo de marcharnos. No lo eches todo a perder. Tú y yo sabemos que la gratitud es la opción más sabia».

Miranda tenía razón, por supuesto, y no solo acerca de esos pocos días en Carolina del Sur. La gratitud es siempre la elección más sabia. Saborea la comida. Prueba el vino. Disfruta la playa. Y luego, en el último día, si eres realmente inteligente, limpia la casa, cambia las sábanas, y deja una nota agradable para los próximos visitantes, deseándoles un tiempo tan bueno como el que acaban de tener ustedes. Créanme. Eso también es parte de la diversión.

Si alguna vez has ido a ver una película fabulosa o has montado en una emocionante montaña rusa, sabes de lo que estoy hablando. En el zumbido emocionante en la salida, mientras pasas junto a la gente que está esperando en la línea para entrar al siguiente *show*, no puedes dejar de asentir y sonreír. «¡Ooh… es mejor que se abrochen el cinturón de seguridad!», les dices alegremente. «¡Van a tener una experiencia fabulosa!». Que alguien nos anticipe lo bien que lo vamos a pasar es ya una alegría en sí misma.

Creo que una de las principales razones por las que mucha gente no puede enfrentar la muerte es porque no hemos sido muy bien entrenados para disfrutar indirectamente de la felicidad del uno con el otro. Hacemos un gran trabajo enseñando a nuestros hijos a competir, y algunas veces lo hacemos igualmente bien con la cooperación, pero cuando se trata de enseñarles abiertamente a deleitarse con los logros y la buena fortuna de otros no tenemos mucha práctica. Demasiado a menudo estamos más preocupados de nosotros mismos que de los demás. Y, sin embargo, si hay una cosa de la que estoy seguro, es esta: identificarse con otras personas y usar la imaginación para disfrutar de la felicidad pasada, presente y futura es la clave para un bien morir.

He aquí un pequeño ejemplo: mientras que todavía estoy en relativamente buena salud, mis tobillos se han visto arruinados por lesiones jugando básquetbol, espolones óseos, cartílagos perdidos y artritis. La mala noticia es que nunca más voy a volver a correr o a saltar, y prácticamente cada paso que dé será una aventura dolorosa. La buena noticia es que gracias a cuatro operaciones y a un montón de ibuprofeno, todavía puedo caminar razonablemente bien, por no mencionar el subirme a la bicicleta. La gran pregunta es qué viene ahora.

Algunas personas como yo se amargan, lamentando la pérdida de habilidades que experimentan y resintiéndose con aquellos que todavía las tienen. Comparan y se quejan, siempre mirando hacia atrás y hablando de cómo odian ponerse viejos. Se vuelven más difíciles de soportar, y como resultado, se sienten más solos. Otros, sin embargo, aprenden a envejecer con dignidad de una manera que realmente acentúa su gratitud por lo que tenían. «Caramba», dicen, «ya no puedo correr ni saltar, pero cómo lo disfruté cuando pude hacerlo. Ahora me encanta ver a los jóvenes jugar, tanto para recordar mi propia felicidad como para celebrar la de ellos. Cuando puedo, los animo a que se deleiten en su juventud, a la vez que me recuerdo a mí mismo seguir disfrutando de lo que queda de la mía».

Al final de sus vidas, los hombres y mujeres mayores más felices que yo conozco son invariablemente los que toman el último camino. Saben cómo mantenerse al margen, ofreciendo sabiduría y aliento, mientras se recuerdan a ellos mismos que «ya no tengo que estar en la cancha ni ser el centro de la atención. Tuve mi hora. Ahora es el turno de ellos». De la misma manera, yo estoy trabajando para ser más un animador que un actor, de manera que al final de mi vida, cuando ya no pueda jugar, esté listo para aceptar esta realidad. «Trabajando» es la palabra clave en esa última frase. Nadie ha envejecido y muerto con dignidad por accidente, y sé muy bien que no seré el primero. Esta dignidad humana requiere un esfuerzo sostenido y consciente.

Por supuesto, muchos de nosotros tampoco hemos sido muy bien entrenados para sufrir, parcialmente porque la mayor parte del tiempo estamos más preocupados por convencernos mutuamente de que nuestros seres queridos no están realmente muertos, sino vivos y bien en un mejor lugar. De nuevo, la fantasía del cielo a menudo nos impide enfocarnos en lo más importante.

Hace unos años, mi familia y yo asistimos al funeral de Fritz Walker, quien fuera el padre de uno de mis amigos más cercanos y parte importante de mi vida cuando estaba creciendo. Por casi tres horas, amigos y familiares estuvieron compartiendo historias conmovedoras que juntas ilustraban vívidamente el sello único de bondad de Fritz. Finalmente, el ministro encargado decidió poner fin a los testimonios. Después, el hijo de Fritz me dijo que él y sus hermanos se habrían sentido felices si hubiesen estado allí todo el día oyendo esas historias. «La mitad de esas historias nunca las habíamos oído antes», me dijo, «e incluso las que conocíamos nos llegaron de una manera diferente. Saber de otras formas en que nuestro padre había influido en la gente, otras

cosas que había hecho, fue tenerlo más con nosotros aunque
se hubiese ido».

No hay duda que en un buen funeral se siente la tristeza
de la muerte, pero también se celebra el privilegio increíblemente improbable de la vida, y en forma especial lo que
mi propio padre llama «esos momentos eternizados», cuando
cada uno nos sentimos más vivos que nunca. En un buen funeral se nos recuerda que la vida es demasiado preciosa como
para desperdiciarla en cosas sin importancia. Y se nos inspira
a renovar nuestros esfuerzos para aprovecharla al máximo y
amarnos verdadera y profundamente unos a otros. El mensaje
no debería ser «José no se ha ido», sino «¿No fue José alguien
especial? ¿No nos consideramos afortunados por haberlo conocido? ¿No es maravilloso que nosotros estemos vivos?».

Por supuesto, es muy fácil decir todo eso cuando hablamos de alguien que vivió una vida larga y feliz. Como capellán universitario, sin embargo, a menudo tengo que hacer
frente a amigos y familiares que están recuperándose de la
muerte prematura de un joven que nunca tendrá la oportunidad de desarrollar todo su potencial humano. Fue lo mismo
cuando me desempeñé como ministro en un barrio de la
ciudad, excepto que a menudo esos jóvenes violentos eran,
a su vez, víctimas de violencia. En cualquier caso, creo que
ofrecer consuelo después de la muerte de un niño es la prueba máxima para cualquier líder religioso.

Algunas personas piensan que a los teístas les es fácil ofrecer vida eterna, pero en mi experiencia es muy difícil conciliar la muerte de un niño con la idea de un Dios amoroso.

Como cristiano, yo sabía lo que tenía que decir, pero no creo que mis palabras hayan marcado una gran diferencia. Lo que más importaba era simplemente estar allí y compartir el dolor de quienes realmente estaban sintiéndolo.

Como humanista secular, yo ofrezco más que nada perspectiva. Hace unos pocos años, uno de mis estudiantes seculares perdió a Ben, su mejor amigo, en un accidente de coche y acudió a mí desesperado.

«Lo que me cuentas», le dije, «es una terrible tragedia. Tu amigo Ben no llegó a experimentar lo que es vivir setenta u ochenta años, y eso no es bueno ni es justo. ¡Pero aun así, vivió! Ben no era una roca en Júpiter o un protozoo, ni incluso una araña. Ben era una persona. ¡Y tú lo querías! Y él sintió tu amor. ¡Y él también te amó a ti! Por supuesto que no es suficiente, e incluso si lo fuera, siempre queremos más. Pero en realidad, ¿no tenía razón Tennyson? ¿No es mejor haber amado y perdido que no haber amado nunca? ¿No es mejor que Ben haya vivido y muerto que si nunca hubiese vivido? Si eso es cierto después de cien años, entonces es tan cierto después de dieciocho años, o incluso después de un solo minuto de vida. Piensa por un momento: los bebés no pueden entenderlo ni expresarlo, pero sabemos que son capaces de sentir. También sabemos que al final de la vida, la gente a menudo se aferra aunque sea solo por un momento de esa misma conciencia y sensación, aun cuando duela. Así de preciosos son cada uno de esos momentos, y tu amigo tuvo algunos. Esta es la parte difícil, pero por mucho o poco que hayamos podido obtener de ella, esta vida sigue siendo el mayor trato en el universo».

Por supuesto, tal como ninguna cantidad de sobrenaturalismo puede alejar el dolor del sufrimiento humano, ninguna cantidad de perspectiva secular puede realmente dar sentido a una tragedia. El mundo en que vivimos, en su increíble hermosura, es también profundamente cruel e injusto. De hecho, aunque produce animales como nosotros, de los que nos preocupamos muchísimo, al universo mismo no le importan. Si queremos que haya en este mundo amor o justicia, nos incumbe a nosotros hacer que suceda, y las tragedias son nuestros mayores recordatorios que debemos mantenernos ocupados.

Realmente, para aquellos de nosotros que no creemos en la inmortalidad personal, el pecado supremo es desperdiciar nuestro precioso tiempo. Eso es lo que realmente me asusta, y mi miedo solo crece en la medida que mi perspectiva se ensancha. Cuanto más reflexiono sobre las maravillas infinitas del universo, más triste me pongo porque solo tengo un punto de vista, y uno muy breve de eso. Aunque trato como puedo de aprovechar al máximo cada oportunidad, siento que cuando llegue el final voy a querer gritar: «¡Oh no! ¡Aún no! ¡Todavía hay mucho más que quiero aprender! ¡Todavía hay mucho más que quiero ver y hacer!».

Sin embargo, para ser honesto, yo no quiero vivir para siempre. Es decir, incluso si se me diera un cuerpo impecable que nunca decayera, estoy bastante seguro de que una experiencia ilimitada de utopía terminaría abrumando mi mente humana demostrablemente limitada. Supongo que Dios podría darme una mente ilimitada para que se compatibilizara con mi cuerpo, pero entonces no sería yo, así que realmente, ¿cuál es el punto? Mi finitud es una gran parte de mi identidad.

No importa lo deliciosa que pueda ser una comida, en algún momento te sentirás lleno. No importa cuán bueno sea un libro o una película, en algún momento querrás que termine. No importa lo linda que esté la fiesta, en algún punto estarás demasiado cansado como para disfrutarla. No querrás cantar otra canción ni oír otra broma. No querrás hacer más amigos. Ya has tenido suficiente. Solo querrás irte a dormir.

Cierto. Creo que estoy muy lejos de ese punto, pero no tan lejos que no pueda imaginarme haber tenido suficiente de esta vida y estar listo para dejar que otro tome su turno. No me puedo imaginar agotando todas las posibilidades, pero sí puedo imaginarme agotado. Mejor aún, puedo imaginarme que estoy satisfecho.

No estoy sugiriendo que la realidad de la muerte no sea dolorosa, pero solo porque algo sea doloroso no significa que pueda evitarse, o incluso que debería evitarse. Creo que la promesa de la vida eterna es un mecanismo de supervivencia, y no me gusta. La famosa apuesta de Pascal postula que si hubiera una sola posibilidad en un millón de que Dios existe, uno debería apostar su vida a eso, pero para mí son probabilidades terribles. De hecho, bien puede ser que el mayor error en este mundo sea vivir como si se tuviera un tiempo sin fin cuando en realidad no es así.

Nada es casual: Por qué las experiencias trascendentales apuntan a Dios

Por Tony Campolo

A MENUDO PIENSO QUE ME gustaría que todos pudieran pasar unas pocas horas a la semana en un muy buen servicio de adoración pentecostal. En esas iglesias, el poder y la presencia del Espíritu Santo parecen más tangibles, lo cual es muy importante. Después de todo, ser cristiano es mucho más que afirmar doctrina, con todo lo importante que eso puede ser. El verdadero discipulado es, en su instancia máxima, tener un encuentro personal con el Jesús viviente y sentir *místicamente* su presencia.

A propósito, yo creo que Jesús y el Espíritu Santo son uno y el mismo, y ambos son expresiones de Dios el Padre. Con todo lo paradójico que pudiera parecer, como muchos cristianos, yo he experimentado la verdad de la doctrina de la trinidad. Crecí usando la palabra «Padre» para Dios, y esa manera de dirigirme a Dios a veces se desliza en mis escritos, pero en realidad el Dios en que yo creo trasciende la masculinidad y la feminidad. Tener una relación con un miembro de la Trinidad es estar conectado con los tres. Pero entonces, tenemos otro misterio, y la mayor parte de los secularistas no dejan mucho espacio para los misterios que trascienden el mundo empírico de tiempo y espacio. En contraste, creo lo que está escrito en 1 Corintios 2.9: *«Cosas que ojo no vio, ni oído oyó, ni han subido en corazón de hombre, son las que Dios ha preparado para los que le aman».*

Bart afirma ser un pensador actualizado, pero a menudo pienso que más bien está atrapado en el pensamiento de un siglo pasado. Es especialmente interesante para mí que él esté tan enamorado de Robert Ingersoll, el popular escritor y conferenciante ateo de finales del siglo xix que negaba la existencia de Dios de maneras muy dramáticas. Por ejemplo, mientras daba sus conferencias, impresionaba a su audiencia levantando en alto su reloj de bolsillo y diciendo: «Si hay un Dios, lo reto a que me quite la vida en los siguientes sesenta segundos». Sus oyentes, entonces, esperaban sin apenas respirar mientras transcurrían los segundos. Como no ocurría nada, los burladores romperían a aplaudir.

Lo que creo que Bart no considera correctamente es que la clase de pensamiento moderno defendido por Ingersoll es cada vez más anticuado en esta etapa posmoderna de la historia. En esta nueva era, reducir la realidad a lo que solo puede entenderse por medio de la ciencia empírica ha pasado de moda, y hay un consenso emergente en que hay fuerzas trabajando en el universo que no pueden explorarse con métodos empíricos. Las palabras de Shakespeare en *Hamlet* son hoy más pertinentes que cuando las escribió: «Hay más cosas en el cielo y en la tierra, Horacio, que las soñadas en tu filosofía».

Me decepciona que tantos secularistas no reconozcan los indicios de lo sobrenatural en medio de nuestro mundo terrenal. Hablan de reafirmar lo asombroso del universo, pero no pueden explicar realmente qué es lo que genera esta sensación de asombro. ¿Es solo la inmensidad del universo que los impresiona? Además, aquellos sin fe insisten en negarse a tomar en serio las muchas experiencias personales informadas por varias personas alrededor del mundo, donde las fuerzas espirituales irrumpen inesperadamente en sus vidas desde más allá de esta realidad empírica, creando efectos irresistibles. Tales experiencias trascendentales destrozan percepciones socialmente condicionadas del mundo, irradiando una energía que puede considerarse razonablemente como algo sobrenatural. Rudolf Otto, el erudito alemán del siglo XX especializado en religiones comparadas, llamó a tales experiencias no racionales el *mysterium tremendum*, y estoy de acuerdo con él en que simplemente no pueden reducirse a funciones neurológicas del cerebro.

Hace varios años, después de dar una conferencia universitaria, un joven quiso saber por qué un sociólogo con un doctorado podía seguir creyendo en Dios y confiando en la Biblia; por qué, dada toda la información psicológica y neurocientífica sobre la religiosidad humana no podía dejar de lado lo que él llamó «esa religión anticuada».

Permanecí en silencio un rato, hasta que la respuesta más apropiada a esa pregunta se hizo clara en mi mente.

—Creo en Dios porque así lo decidí —le dije. Y agregué—: Luego, después de haber hecho esa decisión, empecé a construir teorías y argumentos para sustentar lo que ya había decidido creer.

—¡Me lo imaginé! —dijo el joven con una sonrisa de satisfacción y sacudiendo la cabeza, empezó a tomar asiento.

—¡Espera! —le dije. Antes de sentarte, déjame preguntarte por qué tú no crees en Dios, y por qué *no* crees en que la Biblia es inspirado por Dios. ¿No es cierto que en alguna parte, en algún punto en tu desarrollo, decidiste *no* creer en Dios, y *no* aceptar la Biblia como una posible revelación de la verdad de Dios? ¿No has estado construyendo teorías y argumentos desde que hiciste esas decisiones para apoyar tu incredulidad?

Mi punto era y es bastante simple: en cierto nivel, la fe es una elección. Claro, reconozco que hay muchas explicaciones psicológicas y neurocientíficas diferentes para lo que yo entiendo como la realidad sobrenatural de Dios pero, a menudo, los secularistas también olvidan que existe la posibilidad muy real de que la explicación bíblica sea la verdadera. En mi calidad de evangelista, animo a la gente a dar una oportunidad al evangelio, sabiendo que si hacen esa decisión, el Espíritu Santo dará testimonio a sus espíritus de que Dios es muy real y de que ellos son hijos de Dios.

Blaise Pascal, uno de los matemáticos y filósofos más destacados del mundo, describe en su libro *Pensamientos* una experiencia mística que lo llevó de lo terrenal a una experiencia que expresó como: «¡Fuego! ¡Fuego!, ¡Gozo! ¡Gozo!, ¡Gozo indescriptible!». Del mismo modo, Juan Wesley, el fundador del moderno revivalismo, tuvo una experiencia mística con Dios durante una reunión de oración celebrada en un local de la iglesia Morava en Aldersgate Street, en Londres. En su diario describe cómo en esa reunión su corazón se puso «extrañamente caliente» en una manera que le dio seguridad de su salvación y lo motivó a predicar el evangelio prácticamente sin parar hasta su muerte.

William James, el prominente psicólogo de Harvard de finales del siglo XIX y principios del XX, publicó una recopilación de testimonios de encuentros místicos de personas alrededor del mundo. En su libro titulado *The Varieties of Religious Experience* ([La diversidad de experiencias religiosas], 1902), describe de este modo lo que él llama experiencias de conversión:

> *Ser convertido, ser regenerado, recibir gracia, experimentar la religión, obtener la seguridad son muchas frases que denotan el proceso, gradual o repentino, por el cual un yo hasta ahora dividido y conscientemente incorrecto, inferior e infeliz, se vuelve unificado y conscientemente correcto, superior y feliz, como consecuencia de su firmeza sobre las realidades religiosas. Esto es, al menos, lo que significa la conversión en términos generales, sea que creamos o no que se necesita una operación divina directa para lograr un cambio moral.*

Me apresuro a reconocer que tendrías que creer en Dios para afirmar que tales conversiones implican realmente que el Espíritu Santo irrumpe en las conciencias de personas heridas para curarlas y transformarlas. Algunos neurocientíficos dirían que estas experiencias místicas son teóricamente reducibles a impulsos eléctricos que estimulan áreas específicas del cerebro. Aunque no estoy negando que el cerebro es estimulado durante experiencias místicas, diría que es imposible decir cuál es la causa y cuál es el efecto.

Siento lo mismo acerca de las maravillas del universo, que los secularistas explican solo como fenómenos naturales. De hecho, llegan tan lejos como para describir la existencia de los seres humanos —con todas nuestras complejidades fisiológicas e intelectuales— como resultado intrínsecamente insignificante de una serie de accidentes arbitrarios de la naturaleza. Sin embargo, nos dicen que con toda probabilidad hay criaturas más inteligentes en otras partes del universo. Con una extensión infinita de tiempo, espacio, materia y energía, afirman que organismos tan complejos como los seres humanos casi seguros han surgido en otros lugares también. Como bien lo expresó Émile Borel, con el tiempo suficiente, incluso un chimpancé golpeando teclas al azar en una máquina de escribir seguramente podría llegar a escribir todas las obras de William Shakespeare.

Sin embargo, al pensar en la evolución deberíamos reflexionar en el hecho de que muchos científicos no creen que la selección natural sea simplemente un proceso de ensayo y error casual. Estos científicos afirman que hay algo *dentro* de los organismos que los *impulsa* a hacer las necesarias adaptaciones para la supervivencia. En otras palabras, el desarrollo evolutivo de los organismos vivos está siendo guiado. No soy un creacionista que cree que la tierra es joven, pero obviamente creo que la fuerza guiadora es el espíritu divino al que llamamos Dios. Entonces, me puedes incluir entre los religiosos a los que a menudo se los ridiculiza porque afirman que hay un «Diseñador inteligente» impulsando los procesos creativos del universo.

¿He decidido simplemente creer en un Creador que se nos revela a través de las Escrituras, que está trabajando en las conversiones de personas quebrantadas y que regularmente aparece en mi propia vida por medio de experiencias espirituales trascendentes, y luego seleccioné esas teorías y argumentos que mejor apoyan esa decisión? Efectivamente, eso es lo que he hecho. Hacerlo ha sido mi acto de fe.

Con lo que sigo luchando es por qué los secularistas como Bart deciden interpretar los mismos datos que yo manejo de manera diferente y en una dirección mucho menos esperanzadora. Seguramente para vivir como si no hubiese nada ni nadie detrás de la maravilla impresionante del universo o de nuestras más trascendentales experiencias, y luego escoger las teorías y los argumentos que mejor apoyen ese estilo de vida, es un acto igualmente de fe.

Todo está en la cabeza: Cómo llegué a ser un naturalista religioso

Por Bart Campolo

Algunos de mis amigos seculares piensan que debería sentirme avergonzado por haber dicho, durante mi tiempo de cristiano, cosas como «sentí la presencia del Espíritu Santo» y, «Dios me habló», pero no lo estoy. Por el contrario, les digo que las cosas realmente sucedieron. Aunque estaba solo, de verdad sentí que había alguien más en la habitación. Es cierto que recibí mensajes sobre cosas que no había pensado conscientemente, pero esas experiencias fueron muy reales para mí, así como siguen siéndolo para millones de creyentes en todo el mundo.

En ese punto, mis amigos seculares a menudo me miran como si los hubiese traicionado o hubiese perdido el juicio, así es que les digo con una sonrisita astuta: si no creen en las experiencias humanas trascendentales, entonces es claro que no han sabido escuchar los conciertos de rocanrol, ni usar los medicamentos adecuados, ni hecho el amor con la persona correcta, ni han estado en el estadio cuando su equipo marcó el gol en el minuto noventa que le dio el triunfo. De lo contrario, sabrían que nosotros, los seres humanos, no solo somos *susceptibles* de ser abrumados por sentimientos de conexión profunda o unidos con otras personas, con la naturaleza, o con el universo mismo, sino que estamos programados positivamente para anhelar y disfrutar de esos sentimientos. Ya sea en la euforia psicodélica de un viaje con LSD, la energía rítmica de una celebración tribal de la cosecha, o el majestuoso arrebatamiento de un coro de la catedral balanceándose y cantando himnos a la luz de las velas, personas de todo tipo buscan o desarrollan activamente de forma proactiva aquellas experiencias que nos llevan más allá de nuestras realidades cotidianas y nos conectan con nosotros mismos y con los demás en formas positivamente transformadoras.

Para cuando termino mi perorata, mis amigos seculares están generalmente sonriendo convencidos. Obviamente —les explico—, yo interpreto mis anteriores visitas de Dios de manera diferente ahora que no creo más en ningún tipo de realidad sobrenatural. Ahora, por lo general, los entiendo y explico como eventos psicológicos y neurológicos que ocurrieron en mi cerebro. Lo que nunca diré, sin embargo, es que no hayan sucedido.

Me parece que descartar la autenticidad de las experiencias espirituales es un error común entre los secularistas, especialmente aquellos que no tienen un origen religioso. Cuando tales personas, que crecieron sin la exposición de primera mano a los diversos éxtasis de la fe sobrenatural, escuchan a los cristianos haciendo afirmaciones aparentemente descabelladas sobre sus encuentros divinos, a menudo rápidamente concluyen que tales creyentes son lunáticos, mentirosos o ambos. No es sorprendente que tal desprecio sea absolutamente irritante para cualquier creyente sincero, especialmente cuando viene de un amigo o miembro de la familia, que lo dijo en voz alta o no.

Yo sé de qué estoy hablando porque he estado en ambos lados de la valla. En realidad, dada mi amistad con musulmanes, judíos, hindúes, sijes, bahaíes y otros tipos de creyentes devotos, tanto antes como después de haber dejado el cristianismo, he estado en ambos lados de más vallas de lo que podría contar. Entonces, mientras sigo siendo un inexperto en el diálogo interconfesional, estoy absolutamente seguro de esto: a los verdaderos lunáticos generalmente no les importa si se los toma en serio, y casi nadie por ahí anda mintiendo acerca de sus experiencias trascendentales.

Aun así, cuando alguien me dice que ha tenido un encuentro personal con Jesús, no puedo aceptar esa afirmación de buenas a primeras. Una vez más, mientras que creo absolutamente que algo real pudo haber estado ocurriendo en ese momento, prefiero pensar que esa persona tuvo una experiencia personal completamente natural de trascendencia y, por ser un cristiano, interpretó esa experiencia como un encuentro sobrenatural con Jesús. Estoy casi seguro que si esa misma persona hubiese tenido la misma experiencia siendo musulmán, la habría atribuido a Alá, o si hubiese sido hindú, a Brahma, a Shiva o a Visnú. Si, por otra parte, esa persona hubiese sido un humanista secular como yo, simplemente consideraría la experiencia como una maravilla natural más en este naturalmente maravilloso universo, y agradecería a su buena suerte que tal cosa le haya ocurrido.

En otras palabras, hasta donde puedo decir, todos somos propensos a buscar o generar las mismas clases de experiencias trascendentales. Y cuando suceden, cada uno las interpreta según la cosmovisión que tiene en ese momento, y las utiliza para confirmar y validar esa perspectiva. Entonces, el misterioso encuentro de una persona con el Jesús viviente es algo neurológico que se puede explicar y comprender científicamente como que es provocado y condicionado por una compleja combinación de mecanismos psicológicos y medioambientales.

En mi caso, el hecho de que las experiencias trascendentales las tomé como enteramente naturales y en muchos sentidos cada vez más comprensibles en términos científicos no hace que las vea como menos milagrosamente maravillosas.

Todo el mundo sabe que las montañas rusas de hoy en día son exhaustivamente diseñadas para emocionar y aterrorizar a los que se aventuran a subir a ellas, con caídas espectaculares, giros que parecen que los van a sacar de sus rieles, subidas lentas hacia el infinito para volver a bajar vertiginosamente mientras son más seguras que empujar un carrito de compras en el supermercado; sin embargo, saber que nuestras emociones están siendo manipuladas por expertos no nos impide querer subirnos a ellas. Las películas trabajan de la misma manera. Sabemos de antemano que los cineastas nos van a hacer reír, llorar, y a veces gritar de horror, pero aun así, nos ponemos en la fila para comprar nuestros boletos. Saber cómo funciona el proceso no destruye la experiencia; más bien la realza, y nosotros terminamos haciéndonos especialmente leales a esos actores y directores que nos ayudan a escapar con seguridad a los reinos de la experiencia que de otro modo sería imposible que alcancemos.

Como predicador cristiano hice lo mismo desde el púlpito, calibrando cuidadosamente mi voz y mi lenguaje corporal mientras le contaba a la gente chistes e historias dirigidas a inspirarlos y a pensar y a sentir mi mensaje de manera profunda y transformadora. Fue mi padre quien me enseñó cómo hacerlo, y aunque nunca he sido tan buen comunicador como él, ambos sabemos del poder de un sermón bien elaborado y bien entregado.

Muchos predicadores atribuyen ese poder al Espíritu Santo, pero eso no nos impide preocuparnos de cómo vestimos, cómo organizamos las ideas del sermón, la atención que ponemos a la temperatura del salón, qué tipo de música se va tocar antes y después de la prédica y cien otros factores ambientales que pueden influir en la receptividad de nuestra audiencia a lo que tenemos que decir. En los retiros de la juventud, los líderes con más éxito tienden a planificar con extremo cuidado prácticamente cada aspecto de la experiencia, desde quiénes van a ir en el vehículo que los llevará al retiro, con quiénes van a compartir la cabaña-dormitorio, a qué hora se van a dormir y a qué hora se despiertan, cómo se van a distribuir los malvaviscos para la fogata y qué muchachos van a compartir sus testimonios. En cierto modo, tales líderes también son ingenieros de emoción, diseñando y fabricando montañas rusas que lleven a los jóvenes a una decisión muy específica en el marco correcto de la mente.

Sorprendentemente, entender estos procesos no impide que con un gran mensaje o un bien organizado retiro se logre el impacto deseado. De hecho, descorrer la cortina de la ingeniería emocional generalmente alivia las ansiedades y sospechas de la gente y puede beneficiarla, pues les permitiría obtener aún más experiencias trascendentales. El hecho de saber cómo trabajan nuestros cerebros y nuestros cuerpos —o las experiencias que hacen posible— no los hace menos sorprendentes. Por el contrario, solo añade más asombro.

Muy temprano en mi caminar por las rutas del secularismo, noté que la bióloga Úrsula Goodenough se describe a sí misma como una naturalista religiosa. Me encanta ese apodo y solo desearía poder usarlo sin ser confundido con una especie de excursionista de sendas bíblicas. Como Goodenough, yo también soy un naturalista porque pienso que este universo físico —o multiverso, o como sea que llamemos a la totalidad de materia y energía estos días— es todo muy real. Soy religioso no porque crea en un Dios personal o en cualquier otra clase de fuerza sobrenatural, sino porque creo que la realidad natural —y en particular las partes de ella que están vivas y son capaces de trascender— es más que suficientemente maravillosa para que sea digna de mi reverencia, gratitud y devoción absoluta.

No me malinterpreten. El hecho de que prometa mi lealtad a este mundo y a esta vida no significa que piense que tienen un propósito o diseño fundamental. Para bien o para mal, me temo que mi respuesta a la más grande de todas las preguntas filosóficas —¿Cuál es el sentido de la vida?— sea que no lo hay. En resumen, al universo no le importa.

Sin embargo, a los seres humanos sí nos importa, y esa es mi parte favorita de la historia de la vida. Todavía no sabemos cómo comienza esa historia, pero gracias a Charles Darwin al menos tenemos una idea bastante buena de cómo pasa desde la simplicidad de algo unicelular a la complejidad de nosotros, y en algún punto del camino, justo en el momento en que los animales empiezan a cooperar como estrategia de supervivencia, surge el significado. Esa es la razón por la que el significado no es algo que nosotros, animales sociales *encontremos*, sino que es algo que *hacemos* cuando nos relacionamos los unos con los otros.

Pienso que esa bien puede ser la mayor maravilla de todas: que un universo frío e indiferente, sin diseño ni propósito, haya producido, al menos en este planeta, que es uno en mil millones de planetas, en una galaxia, que es una en mil millones de galaxias, seres humanos amorosos y amables como tú y yo que desesperadamente queremos entendernos y apreciarnos a nosotros mismos y a todo lo que nos rodea.

Obviamente, entiendo cómo y por qué mis amigos cristianos creen que hay alguien que conduce el universo en una determinada dirección. Yo creí eso durante muchos años. A pesar de que nunca acepté nada parecido al creacionismo tradicional de seis días, me pareció que no había manera de que toda la complejidad y la interconexión dentro de nuestros cuerpos y nuestro mundo no fuera el producto de alguna suerte de diseño inteligente, especialmente cuando experimentaba esos momentos de trascendencia que los teólogos como Paul Tillich y Pierre Teilhard de Chardin sugieren que de alguna manera son atisbos de una realidad espiritual que está esencialmente más allá de la comprensión humana. Después de todo, ¿cómo podría algo tan intrincado y delicadamente sintonizado como nuestro orden natural suceder por accidente? ¿O, para ser más precisos, por una serie increíblemente larga de accidentes improbables?

Mientras más aprendo sobre la inmensidad del universo, menos imposible me parece esa serie de accidentes. Fíjate que no estoy diciendo que no sea una especie de milagro, solo sigo que entre los trillones de estrellas y planetas que han estado girando en el espacio durante miles de millones de años, tal milagro estaba destinado a ocurrir en alguna parte y en algún momento, y cualquiera que haya sido el ser consciente de sí mismo surgido de él estaba obligado por lo menos a empezar a pensar que sucedió por diseño. En otras palabras, hasta que se encontró una manera de mirar hacia atrás en el tiempo, quien haya sido el que concibió el significado estaba obligado a pensar que en realidad lo había recibido.

No estoy seguro de que los seres humanos seamos capaces de describir plenamente las cualidades espirituales de la vida que dan lugar a tanta convicción religiosa, y mucho menos de controlar plenamente tales bendiciones. Tampoco estoy seguro de que alguna vez vayamos a ser capaces de mirar atrás en el tiempo lo suficiente como para comprender de dónde venimos o cómo llegamos a existir. Algunas personas esperan con ansias que algún día la ciencia pueda eliminar todo misterio del universo, pero eso a mí no me preocupa, porque, hasta donde puedo decir, cada vez que nos respondemos una pregunta o resolvemos un problema, simultáneamente estamos generando una serie de otros. Y por sobre eso, aunque pudiéramos explicarlo todo, no haría que este mundo fuera menos precioso o menos digno de nuestra devoción.

En el párrafo anterior, usé a propósito la palabra «bendiciones» porque para mí, cualquier realidad o experiencia humana de la cual podamos sentirnos agradecidos es una bendición. Ya no creo en un Dios misericordioso, pero todavía me detengo antes de cada comida para dar gracias por las manos que la produjeron y la prepararon, por las varias partes de mi cuerpo que me permiten disfrutarla y, sobre todo, por otro día de vida consciente, que es el mayor regalo de todos.

Quizá te preguntes a quién le estoy dando las gracias. A nadie en particular, realmente, aunque tal vez debería al menos considerar a mis padres, a mis maestros, a mis amigos y a todos nuestros antepasados. Entonces, de nuevo, dado que cada átomo de cada elemento en este planeta —incluidos los que me forman a mí— se originó en la explosión de una u otra supernova localizada convenientemente millones de años en el pasado, quizá debería agradecer a mi buena estrella. En cualquier caso, estoy profundamente agradecido por las muchas y diversas bendiciones de esta vida, y especialmente para aquellos encuentros con trascendencia que solía llamar citas divinas. Además, como mis amigos cristianos, encuentro que expresar abiertamente tal gratitud aumenta mi conciencia de esas bendiciones de una manera que hace que las sienta aún más maravillosas. Que es, después de todo, el punto.

Una conclusión conjunta

Por Bart y Tony Campolo

HASTA ESTE PUNTO, HA sido fácil para nuestros lectores identificar a cada uno de los que hemos estado escribiendo. El tiempo ha llegado, sin embargo, para que ambos lo hagamos en forma conjunta, a una sola voz. Después de todo, podemos estar en desacuerdo sobre la fundación del universo y el destino final de la humanidad, pero cuando se trata de conducirnos en medio de estos desacuerdos, siempre hemos coincidido en una cosa: el amor es el camino más excelente.

El amor del que hemos estado hablando aquí, sin embargo, tiene menos que ver con palabras floridas y emociones dulces, y más con una firme determinación de conocer y ser conocido por alguien cercano e importante para ti, aun cuando sea doloroso, a fin de que puedas confiar en esa persona, incluso cuando dudes de su juicio.

Esta última parte es especialmente relevante en nuestro caso, porque claramente uno de nosotros tiene la razón sobre la verdad esencial del cristianismo, y el otro está equivocado. Después de todo, la realidad de Dios no es una cuestión de opinión. Un Campolo está pensando y moviéndose en la dirección correcta. El otro está terriblemente, quizá incluso trágicamente, equivocado. En esto estamos de acuerdo.

En realidad, después de pasar incontables horas juntos, hablando, escuchando y reencontrándonos espiritualmente, hemos llegado a algunos puntos de acuerdo sobre varias cosas.

En primer lugar, estamos de acuerdo en que es casi imposible para personas de lados opuestos en materia de fe tener una conversación afectuosa y constructiva sobre religión y espiritualidad, a menos que primero decidan dejar los juicios definitivos sobre la salvación eterna en las manos de Dios. Obviamente, esto no presenta un problema para el secularista, porque por definición ya está convencido de que no hay juicios eternos de qué preocuparse. Para el cristiano cuidadoso, sin embargo, es demasiado fácil asustarse por las posibles consecuencias de perder la discusión que está decidido a ganar por cualquier medio, aun si eso significa arriesgar la relación misma.

A los cristianos en peligro de perder su compostura, llegando a ser emocionalmente manipulables o simplemente quedar paralizados por el miedo, les ofrecemos este sencillo consejo bíblico: Confíen en Dios. No estamos hablando solo de obedecer el mandamiento y la promesa de Jesús, «*No juzguéis, y no seréis juzgados; no condenéis, y no seréis condenados; perdonad, y seréis perdonados*» (Lucas 6.37), o bien, tomar en serio su ilustración de las ovejas y las cabras en Mateo 25, donde deja claro que solo Dios sabe quién entrará y quién no entrará en su reino en el Día del Juicio. No, cuando decimos «confía en Dios», queremos decir que los verdaderos creyentes deben confiar en el carácter de Dios, confiar en su amor infinito por todos sus hijos, y confiar en todos aquellos pasajes de las Escrituras que sugieren que Dios es capaz de hacer abundantemente más de lo que podríamos esperar u orar al respecto. Ninguno de nosotros sabe con seguridad qué sucede después que morimos, pero las Escrituras dan a los cristianos todas las razones para ser optimistas y prohíbe absolutamente hablar o actuar como si supiéramos cuáles son los planes específicos de Dios para cada uno de nosotros.

Piensa en estos ejemplos:

El Señor no tarda en cumplir su promesa, según entienden algunos la tardanza. Más bien, él tiene paciencia con ustedes, porque no quiere que nadie perezca, sino que todos se arrepientan (2 Pedro 3.9, NVI)

Porque yo sé muy bien los planes que tengo para ustedes —afirma el SEÑOR—, *planes de bienestar y no de calamidad, a fin de darles un futuro y una esperanza* (Jeremías 29.11, NVI)

Está escrito:

«Tan cierto como que yo vivo —dice el Señor—, ante mí se doblará toda rodilla y toda lengua confesará a Dios» (Romanos 14.11, NVI).

Pues así como en Adán todos mueren, también en Cristo todos volve-
rán a vivir (1 Corintios 15.22, NVI).

Este mensaje es digno de crédito y merece ser aceptado por todos. En
efecto, si trabajamos y nos esforzamos es porque hemos puesto nuestra
esperanza en el Dios viviente, que es el Salvador de todos, especial-
mente de los que creen (1 Timoteo 4.9-10, NVI).

Ustedes deben orar así:
Padre nuestro que estás en el cielo,
santificado sea tu nombre,
venga tu reino,
hágase tu voluntad
  en la tierra como en el cielo (Mateo 6.9, 10 NVI).

Obviamente, hay muchos otros versículos bíblicos que
parecen contradecir la idea de que la misericordia triunfa sobre el juicio, pero a la luz del ejemplo de Jesús y del mensaje
general de gracia y perdón, y su clara advertencia contra la
presunción de predecir quién será y quién no será bienvenido
en el cielo, sugerimos enfáticamente que los cristianos deben confiar en que la preocupación amorosa de Dios por los
miembros de su familia y amigos es muy superior a la suya, y
que confíen también en que la voluntad de Dios prevalecerá
ciertamente en última instancia.

Esto no es solo una buena teología; también es una buena estrategia para mantener la conversación y conservar las
buenas amistades aun por sobre las diferencias en materia de

fe. En pocas palabras, aun cuando comprendemos muy bien, muchos de nosotros nos sentimos profundamente heridos y ofendidos cuando nos damos cuenta de que la persona con la que estamos hablando cree que estamos condenados al infierno. En un sentido real, tachar a alguien de esa manera es el mayor acto de irrespeto, que niega efectivamente todo lo bueno que alguna vez alguien pudo haber dicho o hecho, a menos que cambie de actitud y esté de acuerdo con nosotros. Desafortunadamente, es difícil involucrarse con alguien que piensa de ti como un «muerto en vida».

No estamos sugiriendo que sea fácil para cualquier cristiano evangélico, y especialmente para los padres, dejar de preocuparse por la salvación de sus seres queridos que no creen, y simplemente dejar en manos de Dios su bienestar final. Incluso ahora, a pesar de la confianza en la gracia ilimitada de Dios que lo consuela de día, Tony sigue siendo a menudo perturbado por las noches por los ecos de aquellas predicaciones sobre el infierno y del azufre que oyó cuando era niño, y las serias advertencias de ciertos versículos bíblicos. No obstante, cuando es confrontado por «amigos» bien intencionados sobre el destino eterno de Bart, él ha aprendido a responder de la manera más simple y honesta: «Gracias por tu preocupación, pero eso lo estoy dejando en las manos seguras de Dios».

Otra cosa en la que los dos estamos de acuerdo es en la necesidad de que ambos lados en esta conversación estén más interesados en escuchar y entender a la otra persona que en tratar de convencerla para que cambie de opinión. Una y otra vez hemos hablado con otros padres y sus hijos y madres y sus hijas cuya mayor tristeza no es que sus seres queridos no estén de acuerdo con ellos, sino más bien en que no parecen interesados en absoluto en entender lo que han experimentado, por qué piensan o creen las cosas como lo hacen, o cómo se sienten acerca de su vida espiritual. De nuevo, a veces, esta aparente falta de interés es puramente una función de miedo, pero otras veces tiene más que ver con los patrones familiares que a menudo se desarrollan y establecen en una familia. No es casualidad que las conversaciones que constituyen la base para este libro hayan ocurrido cuando nos salimos de nuestros patrones habituales de relación, buscamos tiempo y espacios para hablar, y ambos resolvimos de antemano comenzar escuchando sin interrupción y haciendo solo preguntas en aras de la claridad, y no como una forma de ataque.

No nos malinterpretes. Muchas veces violentamos esos acuerdos y tuvimos que disculparnos el uno al otro por las interrupciones, las palabras duras, los comentarios sarcásticos o simplemente no escucharnos. Verdaderamente, es una buena cosa que ambas de nuestras religiones conceden gran importancia a la humildad y el perdón, porque a menos que tengamos mucha experiencia tanto en ofrecer como en aceptar disculpas, nunca podríamos haber llegado tan lejos juntos. A veces, cuando no funcionó el hablarnos cara a cara, recurrimos a largos correos electrónicos, o nos sugerimos libros o artículos que expresaban nuestros pensamientos mejor que nosotros mismos. Fue más difícil al principio, cuando cada uno de nosotros pensaba que el otro podría cambiar de opinión, pero se hizo mucho más fácil más adelante, una vez que ambos comprendimos que nuestros valores fundamentales y, lo más importante, de nuestros ministerios no eran tan diferentes como parecían.

Hace algunos años, cuando Tony tenía la edad de Bart y Bart era un misionero urbano recién casado, escribimos otro libro titulado *Things We Wish We Had Said* [Cosas que nos habría gustado haber dicho], que era esencialmente acerca de producir cristianos pensantes, compasivos y orientados hacia la justicia. Al leerlo ahora, nos llaman la atención nuestras ideas similares en teología, pero también nos sorprende comprobar cómo se han mantenido, a pesar de todos los cambios obvios. Entonces, como ahora, ambos estábamos convencidos de que las personas —y especialmente los jóvenes— están programados para el heroísmo y pueden sentirse verdaderamente felices y satisfechos solamente cuando se los insta a usar sacrificialmente sus dones y energías en el servicio de una causa noble mucho más grande que ellos mismos. Ahora, como entonces, ambos estamos obsesionados en cuanto a cómo encontrar más y mejores maneras para involucrarlos en tales causas.

Al final, sin embargo, todas las nuevas tecnologías en el mundo no han logrado desafiar ni modificar el hecho más esencial del reclutamiento misionero: lo que más mueve a la gente son las historias. Jesús sabía eso, por supuesto, y también los escritores de los Evangelios que contaron su historia. Por otra parte, el Antiguo Testamento también está lleno de historias, y asimismo el Corán, el Bhagavad Gita, y casi todos los libros sagrados en el planeta. Charles Darwin refirió una historia algo diferente sobre aquellos de donde venimos, y más tarde, Albert Einstein contó otra historia, que comienza mucho más atrás en el tiempo. Cuál de todas esas historias es verdad o más verdadera es irrelevante aquí; lo que importa es el hecho simple de que los seres humanos siempre hemos necesitado y utilizado historias para darle sentido al mundo y encontrar nuestro lugar en él. Si quieres tocar el corazón y la mente de alguien de manera que realmente cambie su vida, tendrás que contarle historias.

Ambos hemos pasado la mayor parte de nuestra vida de adultos contando historias sobre las necesidades de las personas alrededor del mundo que están heridas, oprimidas, descuidadas, empobrecidas o de otras maneras excluidas de las bendiciones que el resto de nosotros disfrutamos. También contamos historias sobre gente común y corriente que ha respondido a esas necesidades de formas amorosamente extraordinarias, siempre tratando de ilustrar la lección que hemos aprendido de ellas una y otra vez: preocuparse por los demás es el camino más seguro hacia la paz. Como el héroe agnóstico de Bart, Robert Ingersoll, dijo: «La manera de ser feliz es hacer que otros lo sean». O, en las palabras de san Francisco: «Porque es dando que recibimos».

En nuestra narrativa, hacemos todo lo posible por resaltar el valor del sacrificio reflexivo y la belleza del amor práctico. Hablamos del excelente trabajo de los maestros de los barrios pobres de la ciudad, de los médicos y enfermeras rurales, de las cruzadas de abogados, de vecinos compasivos, de padres adoptivos, de los consejeros de campamento de nutrición, de los patrocinadores de Alcohólicos Anónimos, de empresarios socialmente responsables, de activistas del cambio climático, de los aliados de la comunidad LGBTQ y de varios Buenos Samaritanos, todos ellos demostrando el poder transformador que se encuentra dentro de cada uno de nosotros, esperando para ser liberado en servicio a otros. Tampoco pretendemos no estar apelando a las emociones de nuestra audiencia; realmente, ese es el punto principal de la mayoría de nuestras historias. Después de todo, cuando uno es un predicador del evangelio, siempre está apuntando al corazón.

Obviamente, cada uno de nosotros basa su llamado «aquí y ahora» al servicio sacrificial en una gran narrativa muy diferente sobre la naturaleza y destino del universo, y eso no es poca cosa. Hay una gran diferencia entre invertir sabiamente la parte terrenal de la vida para ayudar a construir el reino eterno de Dios, y gastar sabiamente los preciosos pocos años de conciencia expresando tu gratitud a través de pagarlo por adelantado. Si nos has oído predicar, entonces sabes que la diferencia generalmente aparece al final. Tony termina sus sermones proclamando que no importa cuán malas sean las cosas («Es viernes...»), el Dios Todopoderoso seguramente prevalecerá al final («¡...pero el domingo ya viene!»). Bart lo hace afirmando que el futuro incierto de la humanidad («el universo es arbitrario y sin propósito...») solo realza nuestra oportunidad gloriosamente improbable en el ínterin («...pero podemos fabricar significado en nuestras relaciones»). Sin embargo, lo que ambos intuimos instintivamente es que únicamente cuando conectamos nuestras propias pequeñas historias a esa gran narrativa global que la mayoría de nosotros realmente cree, es que la gente como nosotros es inspirada para alcanzar todo nuestro potencial. Y así predicamos.

A finales del siglo IV, escribiendo a los cristianos obstinadamente ignorantes del griego, las matemáticas y la música a favor de la devoción pura al estudio de la Biblia, san Agustín dijo:

> *No debemos renunciar a la música debido a la superstición de los paganos, si podemos derivar algo de ella que sea de utilidad para la comprensión de la Sagrada Escritura; ni debemos... rehusarnos a aprender letras porque dicen que Mercurio las descubrió; ni porque han dedicado templos a la Justicia y a la Virtud y prefieren adorar en forma de piedras cosas que deberían tener su lugar en el corazón debemos por ello abandonar la justicia y la virtud. No, sino que cada cristiano bueno y verdadero entienda que dondequiera que se encuentre la verdad, pertenece a su Maestro.*

Escritores posteriores parafrasearon este pensamiento en el popular aforismo «Toda verdad es la verdad de Dios» para recordarse que Dios se revela no solo en las Escrituras, sino también en la naturaleza, en la conciencia y en la historia. Esta idea —a la que los teólogos se refieren como revelación general— es muy alentadora para los cristianos que disfrutan y aprecian esfuerzos tan dispares como la ciencia, la literatura de ficción y las artes dramáticas, y más aún para aquellos ansiosos de la colaboración interreligiosa. En nuestro caso, le da a Tony toda la razón para prestar atención a la vida y el ministerio de Bart, en caso de que haya algo bueno que pueda aprender.

Por supuesto, en lo que a nosotros respecta, lo contrario de ese aforismo, que ofrecemos torpemente como «verdadero o no, el cristianismo y las otras religiones sobrenaturales del mundo expresan algunas verdades profundas en formas ricas y atemporales», es igualmente válido. Convenientemente, esto permite a Bart no despreciar todos esos años que pasó siguiendo a Jesús, y además le da todas las razones para, respetuosamente, poner atención a la vida y el ministerio de Tony, en caso de que haya algo bueno que pueda aprender... o recuerde... o incluso pida prestado, con algunos pequeños ajustes. Como este pasaje de Isaías 65.17-25 (NVI), que maravillosamente prevé el mundo que ambos anhelamos:

Presten atención, que estoy por crear
un cielo nuevo y una tierra nueva.
No volverán a mencionarse las cosas pasadas,
ni se traerán a la memoria.
Alégrense más bien, y regocíjense por siempre,
por lo que estoy a punto de crear:
Estoy por crear una Jerusalén feliz,
un pueblo lleno de alegría.
Me regocijaré por Jerusalén
y me alegraré en mi pueblo;
no volverán a oírse en ella
voces de llanto ni gritos de clamor.

Nunca más habrá en ella
niños que vivan pocos días,

ni ancianos que no completen sus años.

El que muera a los cien años
será considerado joven;
pero el que no llegue a esa edad
será considerado maldito.

Construirán casas y las habitarán;
plantarán viñas y comerán de su fruto.
Ya no construirán casas para que otros las habiten,
ni plantarán viñas para que otros coman.

Porque los días de mi pueblo
serán como los de un árbol;
mis escogidos disfrutarán
de las obras de sus manos.

No trabajarán en vano,
ni tendrán hijos para la desgracia;
tanto ellos como su descendencia
serán simiente bendecida del Señor.

Antes que me llamen,
yo les responderé;
todavía estarán hablando
cuando ya los habré escuchado.

El lobo y el cordero pacerán juntos;
el león comerá paja como el buey,
y la serpiente se alimentará de polvo.

En todo mi monte santo
no habrá quien haga daño ni destruya,
dice el Señor.

Puede ser que un día, algún día, Bart vea esta visión celestial, se dé cuenta y entienda, de una vez por todas, que estaba completamente confundido acerca de dónde vino. O tal vez, si Bart tiene razón, Tony cierre los ojos al final y nunca descubra que esta vida mortal era la única que tenía para perseguirla. Al final, indudablemente, cada uno de nosotros cree que el otro está perdiendo algo infinitamente valioso al persistir en su tontería.

Lo que ninguno de nosotros cree, sin embargo, es que el otro sea un tonto. Como dijimos al principio, aun cuando llegamos a ella de manera diferente, cada uno llega siempre a la misma conclusión acerca de esta vida: el amor es el camino más excelente. Además, cada uno de nosotros está seguro y contento que el otro ha encontrado ese camino. Por ahora, al menos, eso es suficiente.

Agradecimientos

LOS LIBROS RARA VEZ se producen fácilmente, y nunca solos.

Ambos estamos inmensamente agradecidos a Marty Campolo, Sarah Blaisdell, Gavin Hewitt, John Wright, Robert Barr y Mark Sweeney por las muchas y variadas maneras con que amablemente nos ayudaron a producir el manuscrito original del libro, y a Lisa Zúñiga por convertir gentilmente ese manuscrito en algo publicable.

También estamos agradecidos a Mickey Maudlin, por prestarnos su vasta experiencia y discernimiento, y por estimularnos en los momentos cuando más lo necesitábamos. Su sabiduría y paciencia son legendarias por buenas razones.

Hay innumerables otros, por supuesto, a quienes debemos más de lo que podemos pagar por enseñarnos, animarnos y apoyarnos durante años. Algunos nombres aparecen en estas páginas, pero confiamos que los demás de ustedes saben quiénes son y cuánto los apreciamos.

Por último, estamos agradecidos a Peggy Campolo, cuyas inmensas contribuciones, no solo a este libro, sino también a las vidas detrás de él, realmente, no pueden ser exageradas. Sin ella, no habría nosotros.